中文社会科学引文索引（CSSCI）来源集刊

中国人文社会科学期刊AMI综合评价核心集刊

珞珈管理评论

LUOJIA MANAGEMENT REVIEW

2023年卷 第1辑（总第46辑）

武汉大学经济与管理学院

武汉大学出版社

图书在版编目（CIP）数据

珞珈管理评论.2023年卷.第1辑:总第46辑/武汉大学经济与管理学院.—武汉:武汉大学出版社,2023.4
ISBN 978-7-307-23624-0

Ⅰ.珞…　Ⅱ.武…　Ⅲ.企业管理—文集　Ⅳ.F272-53

中国国家版本馆 CIP 数据核字(2023)第045872号

责任编辑:范绪泉　　　责任校对:汪欣怡　　　版式设计:韩闻锦

出版发行:**武汉大学出版社**　　(430072　武昌　珞珈山)
（电子邮箱:cbs22@whu.edu.cn 网址:www.wdp.com.cn）
印刷:武汉市天星美润设计印务有限公司
开本:880×1230　　1/16　　印张:9.75　　字数:241千字
版次:2023年4月第1版　　2023年4月第1次印刷
ISBN 978-7-307-23624-0　　定价:48.00元

管理评论

LUOJIA MANAGEMENT REVIEW

中文社会科学引文索引（CSSCI）来源集刊
中国人文社会科学期刊AMI综合评价核心集刊

目　录

2023 年卷第 1 辑（总第 46 辑）

CONTENTS

珞珈管理评论

2023 年卷第 1 辑（总第 46 辑）

Luojia Management Review

No. 1, 2023（Sum. 46）

重点产业链供应链安全风险特征识别与治理机制设计*

● 戴 宾[1] 杨 茜[2]

（1，2 武汉大学经济与管理学院 武汉 430072）

【摘 要】确保产业链供应链安全既是产业高质量发展的本质要求，也是构建新国际局势的必然要求。在世纪疫情、大国博弈、产业升级等背景下，重点产业链供应链的界定和产业链供应链安全定义存在鲜明的时代特征，从产业链的经济地位、产业链的基础作用以及产业链供应链特征代表性三个维度重新界定重点产业链供应链。结合欧美国家的供应链安全战略新调整，基于产业链供应链的结构与要素，识别新发展格局下的产业链供应链安全风险五大特征，并提炼出产业链供应链安全风险的五大类型。最后从提高我国产业链供应链韧性、安全与竞争力的角度，提出重点产业链供应链安全风险的治理框架设计、联动治理机制、定期评估与激励机制。

【关键词】重点产业链供应链 产业链供应链安全 风险特征识别 治理机制

中图分类号：F420 文献标识码：A

1. 引言

产业链供应链作为经济高质量发展的关键组织形态，是推动我国经济高质量发展、促进制造业转型升级的重要动力，对促进达成"国内大循环，国内国际双循环"的新发展格局起到举足轻重的作用。在中国共产党第二十次全国代表大会的报告里，习近平总书记两次提到了产业链供应链安全，第一次在第四部分——加快构建新发展格局，着力推进高质量发展，提到要着力提升产业链供应链的韧性和安全水平；第二次在第十一部分——推进国家安全体系和能力现代化，坚决维护国家安全

---

* 基金项目：国家自然科学基金"产能约束下考虑消费者策略行为的零售平台供应链渠道决策、产能分配及定价优化研究"（项目批准号：72171178）；企业横向课题（宁波柯力传感科技股份有限公司）"数字供应链管理研究"。

通讯作者：戴宾，E-mail：bin_dai@ whu. edu. cn。

和社会稳定，提到确保粮食、能源、重要产业链供应链安全。在党的二十大报告里，产业链供应链安全被首次上升到国家安全体系的层面来进行布局，并已经上升到和粮食安全、能源安全一样的高度。随着供应链在国民经济以及企业竞争中的战略作用日益凸显，我国关于供应链的政策也在不断调整。2017年国办发〔84〕号文件提到的是"供应链的创新"；在党的十九大报告里提到的是"现代供应链"；由于疫情以及大国博弈导致的产业链供应链风险，从2020年开始慢慢关注的是"产业链供应链协同"；疫情复工复产以后，更加关注"产业链供应链稳定"；2021年《第十四个五年规划和2035年远景目标纲要》提出"提升产业链供应链现代化水平"；党的二十大报告关注"产业链供应链安全"。这体现了产业链供应链安全对维护国家安全和经济稳定发展的重要性。

百年变局、世纪疫情以及大国博弈带来的不稳定地缘政治，对全球产业链供应链稳定体系带来极大冲击。如何维护和保障产业链供应链的安全稳定，已成为各国面对的共同考验和重大现实问题。针对上述现象和问题，各国都对供应链战略进行了重大调整。美国在2012年就发布了《全球供应链安全国家战略》，2021年的《美国供应链行政令》要求联邦政府相关部门对关键矿物材料、半导体芯片与先进封装技术、大容量动力电池以及药品供应链进行国家安全审查，2022年美国纠集18个经济体发布《关于全球供应链合作的联合声明》；欧盟和德国在2020年通过了《供应链法》草案；日本、印度和澳大利亚也启动了"供应链弹性倡议"。因此，党的二十大报告中强调产业链供应链安全的重要性，对国民经济的高质量稳定发展具有重要的战略意义。

现有关于产业链供应链安全的研究主要在确定产业链供应链安全的概念，以及从定性的角度对产业链供应链安全管理提出对策建议。在安全战略方面主要有：战略的逻辑转换（王静，2021）、供应链安全国家战略的解析（林梦等，2020）。在稳定安全策略建议方面主要有：新发展格局下发展的思路与策略（盛朝迅，2021）、风险研判与维护策略（张杰和陈容，2022）、新发展格局下的政策建议（李雯轩和李文军，2022）、关键核心技术及其攻关策略（仲伟俊等，2021）。在系统提升产业链供应链的路径方面主要有：产业链供应链现代化的内涵与发展路径（宋华和杨雨东，2021）、提升产业链供应链现代化水平路径（中国社会科学院工业经济研究所课题组，2021）等。部分研究尝试采用定量的方法探索产业链供应链安全治理方面的机制。譬如：张子健和李傲（2020）研究了供应链安全弹性投资协调机制，王静（2022）基于BP-SVM联合优化模型，研究了产业链供应链现代化水平的共融机制。综上所述，现有研究鲜有从重点产业链供应链视角来研究产业链供应链安全风险，同时也没有针对产业链供应链安全风险的特征来构建系统的安全风险治理机制体系。

为从理论上支撑重点产业链供应链安全风险这一重大现实问题的解决，需要研究并回答下面的问题：一是重点产业链供应链如何界定以及产业链供应链安全的界定及内涵；二是重点产业链供应链安全风险特征和风险类型如何识别；三是重点产业链供应链安全风险治理机制如何设计；本文对上述问题进行系统梳理和回答，不仅对我国提升和解决产业链供应链安全有重要的现实意义，同时能丰富现有产业链供应链安全相关的理论。

2. 重点产业链供应链安全的内涵

2.1　重点产业链供应链

　　要科学界定重点产业链供应链安全，首先需要准确把握产业链供应链的相关概念及其内容边界。Stevens 和 Graham（1989）将产业链定义为由供应商、制造商、分销商和消费者连接在一起，并结合物流和信息流的系统，将产业链看成是产品链、信息链和功能链的综合。供应链管理这一概念最早由 Oliver 和 Webber（1992）提出，目的是实现全过程的高效协同。Lee 等（2004）提出的"3A 供应链"已经成为目前供应链领域重要的理论基础。考虑到风险的突发性，Cohen 和 Kouvelis（2021）提出了 Triple A&R 框架，即在传统 Triple-A 框架下，增加了鲁棒性（robustness）、韧性（resilience）及目标重新协同（re-alignment）。

　　产业链是西方经济学的一个具体概念，供应链是管理学原理的一个具体概念。产业链和供应链作为经济发展的重要支点和动力，二者呈现融合的发展趋势。在微观层面，供应链环节促进了产业价值链的跨组织形成，构成了产业链系统运行管理体系的基本组织形态。借助产业链上下游企业周边组织的高效协作，将全场景覆盖的经济效益达到最大。在宏观层面，供应链环节促进跨行业、跨地区、跨国家的高质量合作，从而逐步形成具备强大市场竞争力的产业链体系。产业链则被认为是一种在时间和空间两个维度上整合多个行业、多个区域、分工明确的局域网连接系统。因此，产业链供应链实现了价值创造在跨组织的流程协同与跨产业的时空布局两个方面的统一，构成了新型经济组织形态的内在特征（宋华和杨雨东，2021）。

　　产业链供应链反映的是存在有机关联的各个经济部门之间依据特定的逻辑关系和时空布局客观形成了相互交织的网络关系。针对我国产业链众多的现状，考虑到产业链与供应链的复杂交互关系，本文通过产业链的经济地位（产业链对 GDP 的贡献率）、产业链的基础作用以及产业链供应链特征代表性三个方面来确定重点产业链供应链，其重点产业链供应链的指标含义见表 1，界定逻辑如图 1 所示。

表 1　　　　　　　　　　　　　　　　重点产业链的指标含义

一级指标	二级指标	指标含义
产业链的经济地位	产业链的经济规模	在产业达到一定规模程度后，由产业链的完整性、资源的合理配置等带来的企业边际效益的增加
	工信部重点产业名单	工业和信息化部根据国家战略发展、国内资源优势、国际贸易形势拟定的重点产业名单
	省重点产业链名单	各省份结合当地产业领军优势、市场开拓优势、资源集聚优势拟定的重点产业名单
	科技部顶尖产业集群详细名单	科技部根据各地特色公布的产业集群名单

续表

一级指标	二级指标	指 标 含 义
产业链的基础作用	国计民生支撑作用	产业链能带动当地的就业人数和产业上下游的带动能力
	对其他产业链的支撑作用	通过集聚该产业链与其他产业链形成交互作用或提高第三产业等
	发改委战略性新兴产业集群名单	产业链是否符合国家战略发展需要
产业链供应链特征代表性	产业链分散性	产业链的全球布局与国际分工导致产业链分散
	产业链完备性	产业经济发展要追求效率，导致资本总是往生产效率最高的地区集中，形成产业链的完备性
	供应链需求波动性	产品需求订货量的波动程度远远大于产品实际市场销售的变化幅度
	供应链网络结构复杂度	供应链一般呈现链状、树状、双向树状和星状等复杂的网状结构

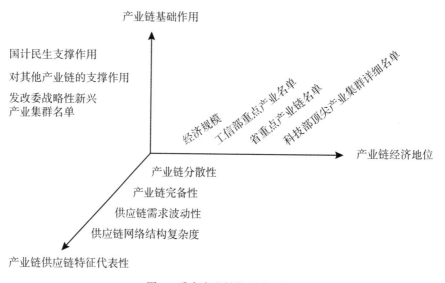

图 1　重点产业链的界定逻辑

考虑到我国具备完整工业体系，产业分类众多，产业链的差异性大，因此并非所有产业链供应链都关乎国家战略安全。对于维护国家安全和经济稳定发展的重要产业链供应链界定，宏观上必须符合我国目前的国家战略发展，满足产业链的上下游覆盖广、充分带动就业等基础性作用；中观上，一方面符合各部委根据国家战略发展形势、产业经济规模等拟定的具体产业链供应链名单，另一方面应当充分结合各省市的历史背景、自然资源、特色产业等综合确定重点产业链供应链名单。

2.2　产业链供应链安全的界定

目前学界对于产业链供应链安全的界定和理解还较为模糊，其中李天健和赵学军（2022）认为应将"统筹发展和安全"作为整体去理解，"优化"和"稳定"是理解产业链供应链安全的两个重要支点，两者互为补充。笔者认为产业链供应链安全反映在产业链供应链在受到外部冲击后仍能保持生产、分配、流通、消费各个环节畅通，维持产业链上下游各环节环环相扣，供应链前后端供给需求关联耦合、动态平衡的状态，在国家层面体现为产业链的自主可控（稳定），在产业层面体现为产业链的国际竞争力（优化），在企业层面体现为抗风险韧性（恢复）。

3. 重点产业链供应链安全风险的特征

新发展格局下，由于欧美等国对产业链供应链安全战略的重大调整，基于产业链供应链的结构与要素，产业链供应链安全风险呈现五大新特征。

（1）动态性。外部经济环境的变化、突发性事件的影响或公司内部的业务计划和供应链战略的调整，导致产业链供应链各个环节的管理和技术都不是墨守成规的，反而各个环节的管理和技术呈现新旧迭代、动态演化的过程。由于供应链外部环境的不确定性以及供应链运作的交互性，供应链风险具有动态演化特征。如何针对风险的动态进行定期的回顾和更新以及快速响应是产业链供应链安全管理的重要挑战之一。

（2）传递性。产业链的价值链分工导致供应链层级的增加，上下游参与主体通过合作提高效率实现共赢，因此，供应链风险因素在上下游企业之间可以进行传递与积累，显著影响整体供应链的安全水平。如何避免风险的传递和传递过程中的风险放大现象是产业链供应链安全管理的重要挑战之一。

（3）博弈性。各环节涉及主体众多，各主体往往以自身利益最大化为目标制定战略而忽视产业链供应链整体的利益。所以，供应链各主体作为独立的市场主体有各自不同的利益取向，为争夺系统资源以及实现自身利益最大化而展开激烈博弈。如何通过机制设计实现产业链供应链各主体和产业链供应链整体利益最大化是产业链供应链安全管理的重要挑战之一。

（4）不对称性。供应链各主体为实现利益最大化而展开激烈博弈，导致供应链各主体信息不完全与不对称性现象，同时供应链各主体缺乏有效的监督协调机制，影响了安全风险决策的科学性。信息不对称问题易滋生道德风险和逆向选择等问题，使产业链供应链整体运行效率低下。如何防范和管理信息不对称问题是产业链供应链安全管理的重要挑战之一。

（5）复杂性。风险系统随着事件、事实以及相互关系的种类和数量增加而呈现出等级层次结构，层次越多，越易产生复杂性（孙卢东和肖东生，2006）。具体而言，全球分工导致产业链供应链的层级增加和参与主体的数量增加，供应链风险的来源范围更广，譬如宏观环境、经济政策、产业链延伸、供应链运作，风险类型更多，表现方式也更加复杂。如何有效协同产业链供应链各主体的复杂关系是产业链供应链安全管理的重要挑战之一。

4. 重点产业链供应链安全风险的类型

在世纪疫情、大国博弈带来的不稳定地缘政治背景下，考虑全球产业链逆全球化、区域化，发展中国家产业升级等新趋势，结合重点产业链供应链安全风险的动态性、传递性、博弈性、不对称性、复杂性五大特征，重点产业链供应链安全风险可分为以下五种类型。

（1）缺链风险。由于价值链的细化分工以及科学技术的快速发展，单个国家难以形成完备的产业链体系，从而导致产业链的部分环节没有自主可控能力带来的风险。譬如我国在芯片、光刻机、飞机发动机、工业软件等环节存在卡脖子的情况。西方发达国家利用技术优势和霸权地位创建"同盟体系"排挤我国，同时诱使发展中国家或者新兴国家利用自身重要资源的垄断性及其背后的供应权造成资源的垄断性与稀缺性，从而使得我国在重点产业链供应链的关键环节没有自主可控能力，面临缺链风险。

（2）断链风险。受不可抗力因素（如疫情）影响面临的产业链供应链停工停产，迫使下游生产线因零部件短缺而供应链断裂。比如，2020 年新冠肺炎疫情爆发以后，武汉作为汽车零部件的重要生产地，受疫情影响当时汽车零部件的生产全面停工停产，全球很多地方汽车品牌商的整车生产线因零部件供应链断裂而停止生产。

（3）短链风险。这是指不完备的产业链主要集中在上游增值较低的环节，当全球产业链供应链体系呈现"逆全球化"和"去中国化"等产业链"区域化"特征时，低端产业链将面临需求断裂的风险。

（4）堵链风险。全球供应链供需两端不匹配、阶段性供需不匹配，使得不少港口码头拥堵、集装箱紧缺，导致外贸企业出货难、运货贵。疫情检查等因素导致供应链的运输、装卸、配送、搬运等操作层的低效。由于极端天气导致的运输环节的堵塞，苏伊士运河发生了历史上第一次堵塞。

（5）齐套率风险。主要体现在企业内部对物料的采购是否满足需求，受限于多源业务系统信息拉通程度、内部供应链信息整合缺失、系统执行效率低下、BOM 层级多、订单变化频繁等诸多因素。

5. 重点产业链供应链安全风险的治理机制

重点产业链供应链安全风险呈现出复杂性、动态性、传递性、博弈性、不对称性等新型特征，传统的单一主体治理和被动治理逻辑不再适应重点产业链供应链安全风险的治理，因此，在国家安全治理能力现代化的背景下，提出以下关于重点产业链供应链安全风险的治理机制。

5.1 重点产业链供应链安全风险的治理框架设计

从风险的治理主体出发，重点产业链供应链安全风险治理包括国家政府、产业部门、企业以及消费者多个主体，由于各主体的利益诉求不一致，需统一各主体的治理理念，发挥各主体的作用，有效弥补现有机制的不足。从重点产业链供应链安全风险的形成机理可知，创新驱动战略影响安全风险的源头，供应链韧性影响风险的传播，因此，治理机制的设计要考虑供应链韧性与创新驱动战略两个关键驱动力的影响，以及二者的相互影响。针对产业链供应链安全风险的即时管控，从治理的角度提出静态的评估管控机制与动态的监测预警机制，其中评估管控机制主要负责实时评估产业链供应链安全风险，而监测预警机制则需根据评估管控数据分析异常状况，并及时预警反馈；从提升产业链供应链安全系数出发，一方面需要产业链供应链各主体的协同管理，从主体治理的角度提出了协同治理机制；另一方面需要完善优化现有治理体系中的缺陷之处，从结构治理角度提出供应链治理机制。重点产业链供应链安全风险的治理框架呈现出"两个驱动要素+两个管控机制+两个提升机制"的逻辑关系，并探索产业链复杂度、产业链地位、供应链复杂度、供应链波动性、数字化转型等对重点产业链供应链安全风险治理机制的影响与路径。从支撑系统来看，重点产业链供应链安全风险的治理离不开政策、数据、模型以及决策支持系统的支持。从治理的目标来看，治理机制旨在提升主体治理以及结构治理的效率，从而会倒逼企业加快创新和提高供应链韧性，推动新格局发展。综上所述，本文将从安全风险管控以及安全水平提升的视角提出四类治理机制，治理框架如图2所示。

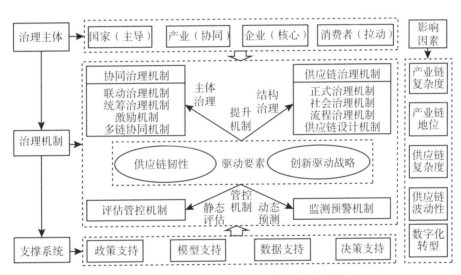

图 2　重点产业链供应链安全风险的治理机制框架

5.2　内在需求驱动的国家—产业—企业三位一体的产业链供应链安全风险联动治理机制

在国家层面，构建多维协同的安全风险联动治理机制，确保产业链供应链安全是各主体稳定发展的多目标之一，同时建立产业链供应链安全的标准评价体系，并将其纳入经济高质量发展的考核指标，从国家、产业、企业多维度判断产业链供应链安全的发展情况。在产业层面，推动产业链供应链区域一体化和能力多面化发展，将产业链供应链安全与城市集群的建设和"一带一路"倡议的联合建设相结合，推动构建产业能力互补、供应链稳定多元的区域产业链供应链协调机制。在企业层面，推动企业利用数智化技术改革，借助重点产业链升级企业的供应链管理水平，发挥龙头企业的带头示范作用。在市场领域，推动建立产业链供应链管理的服务平台和机构，带动相关服务产业的建设和发展。联动治理机制的演化关系如图3所示。

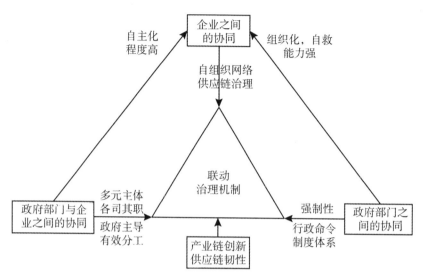

图 3　重点产业链供应链安全风险的联动治理机制及其演化关系

5.3　重点产业链供应链安全风险的定期评估与激励机制

定期监测、评估重点产业链供应链的安全性、稳定性、韧性，同时推进产业链供应链定期动态评估机制建设，以国家重点产业链供应链安全为目标，借鉴发达国家的评估机制建设经验，以先试点后推广思路，推动重点产业链供应链安全风险的动态评估落地工作。在此基础上，对安全风险暴露的环境及时预警，构建安全风险的应急治理体系。针对重点产业链供应链安全风险的不同类型及特征，构建短期—中期—长期一体化的协同激励机制。短期主要通过激励技术创新解决"卡脖子"关键技术研发，增强对重点产业链环节关键技术的自主控制能力；中期主要通过激励产品与知识创新提升制造业的国际竞争力与现代化水平，积极参与国际大循环经济贸易体系，构建互惠互利的重点产业链供应链安全风险治理合作圈，同时通过激励核心企业的数字化转型，提升重点产业链的供应链韧性；长期主要通过模式与机制创新激励建设重点产业链供应链安全体系，加强重点产业链供应链安全稳定的系统谋划与顶层设计，动态考评我国重点产业链供应链安全的风险评估、风险监测、风险预警以及风险应对等能力，不断提升我国重点产业链供应链安全风险的治理能力。

6.　结论

面对百年变局、世纪疫情以及大国博弈带来的不稳定地缘政治，基于全球产业链逆向回流、低贸易壁垒区域转移以及转型升级的新趋势，本文总结了重点产业链供应链安全风险的特征和类型，从提高我国产业链供应链韧性、安全与竞争的角度，提出重点产业链供应链安全风险的治理机制体系。具体而言，本文以我国重点产业链供应链安全风险治理为出发点，首先界定重点产业链供应链的概念和产业链供应链安全的内涵；其次识别重点产业链供应链安全风险的新特征，基于产业链供应链安全风险的特征对重点产业链供应链安全风险类型进行梳理分类；最后从创新驱动的重点产业链供应链的国际竞争力提升、要素驱动的供应链韧性提升以及产业链供应链协同三个方面给重点产业链供应链韧性与安全水平的提升提供了具体实施对策，同时发挥产业链供应链多主体的作用，提出产业链供应链安全风险联动治理机制，并提出重点产业链供应链安全风险的定期评估与激励机制，为政府和企业的科学决策提供理论依撑，推进我国重点产业链供应链的安全稳定与现代化水平。

◎ 参考文献

[1] 林梦，李睿哲，路红艳．实施供应链安全国家战略：发达经济体样本解析 [J]．国际经济合作，2020（4）．

[2] 李天健，赵学军．新中国保障产业链供应链安全的探索 [J]．管理世界，2022，38（9）．

[3] 李雯轩，李文军．新发展格局背景下保障我国产业链供应链安全的政策建议 [J]．价格理论与实践，2022（2）．

[4] 孙卢东，肖东生．论风险的产生及风险复杂性的根源 [J]．南华大学学报（社会科学版），2006，7（1）．

[5] 盛朝迅．新发展格局下推动产业链供应链安全稳定发展的思路与策略 [J]．改革，2021（2）．

[6] 宋华，杨雨东．中国产业链供应链现代化的内涵与发展路径探析 [J]．中国人民大学学报，2022，36（1）．

[7] 王静．新发展格局下中国产业链供应链安全稳定战略的逻辑转换 [J]．经济学家，2021（11）．

[8] 王静．协同驱动提升产业链供应链现代化水平的共融机制——基于 BP-SVM 联合优化模型 [J/OL]．中国管理科学，2022，DOI：10.16381/j.cnki.issn1003-207x.2021.0148．

[9] 吴友群，卢怀鑫，王立勇．数字化对制造业全球价值链竞争力的影响——来自中国制造业行业的经验证据 [J]．科技进步与对策，2022，39（7）．

[10] 吴宗伟．习近平关于防范化解经济风险重要论述的生成逻辑、核心要义及价值意蕴 [J]．江西财经大学学报，2022（4）．

[11] 杨慧瀛，初天天，欧阳安．双循环新发展格局下中国构建 RCEP 区域价值链研究 [J]．商业研究，2022（2）．

[12] 张子健，李傲．网络脆弱性及网络空间供应链安全弹性投资协调机制 [J]．管理工程学报，2020，34（5）．

[13] 张杰，陈容．中国产业链供应链安全的风险研判与维护策略 [J]．改革，2022（4）．

[14] 张蕴萍，董超，栾菁．数字经济推动经济高质量发展的作用机制研究——基于省级面板数据的证据 [J]．济南大学学报（社会科学版），2021，31（5）．

[15] 仲伟俊，梅姝娥，浦正宁．关键核心技术及其攻关策略研究——基于产业链供应链安全稳定视角 [J]．系统管理学报，2022，31（6）．

［16］ 中国社会科学院工业经济研究所课题组 . 提升产业链供应链现代化水平路径研究 ［J］. 中国工业经济，2021（2）.

［17］ Cohen，M. A.，Kouvelis，P. Revisit of AAA excellence of global value chains：Robustness，resilience，and realignment ［J］. Production and Operations Management，2021，30（3）.

［18］ Lee，H. L. The triple-A supply chain ［J］. Harvard Business Review，2004（10）.

［19］ Stevens，Graham. Integrating the supply chain ［J］. International Journal of Physical Distribution and Material Management，1989，19（8）.

Key Industrial Chain and Supply Chain Security Risk Feature Recognition and Governance Mechanism Design

Dai Bin[1]　　Yang Xi[2]

(1, 2　Economics and Management School, Wuhan University, Wuhan, 430072)

Abstract：Ensuring the safety of industrial chains and supply chains is not only an essential requirement for industrial high-quality development, but also an inevitable requirement for building a new international situation. With the environmental changes such as the century epidemic, great power game and industrial upgrading, the definition of key industrial chain and supply chain and the definition of industrial chain and supply chain security have distinct characteristics of the Times. The key industrial chain and supply chain and its connotation are redefined from three dimensions：the economic status of the industrial chain, the basic role of the industrial chain and the representative characteristics of the industrial chain and supply chain. Based on the structure and elements of the industrial chain and supply chain, we propose five characteristics of the industrial chain and supply chain security risks under the new development pattern. At the same time, we categorize these risks into five types. Finally, from the perspective of improving the resilience, safety and competition of the Chinese industrial chain and supply chain, the governance framework design, linkage governance mechanism, regular evaluation and incentive mechanism of the key industrial chain and supply chain security risks are proposed.

Key words：Key industrial chain and supply chain；Industrial chain and supply chain security；Risk feature recognition；Governance mechanisms

专业主编：许明辉

珞珈管理评论
2023 年卷第 1 辑（总第 46 辑）

Luojia Management Review
No. 1, 2023（Sum. 46）

提升债券市场监管能力，
着力推动高质量发展[*]

● 林晚发[1]　　陈思均[2]

（1，2　武汉大学经济与管理学院　武汉　430072）

【摘　要】党的二十大报告中强调，"高质量发展是全面建设社会主义现代化国家的首要任务"。要推进高质量发展，就需要进一步深化金融供给侧结构性改革，增强金融服务实体经济的能力。有鉴于此，本文结合报告中"构建高水平社会主义市场经济体制"的两点内容"健全资本市场功能，提高直接融资比重""依法将各类金融活动全部纳入监管，守住不发生系统性风险的底线"，首先，系统阐释我国债券市场相关情况；其次，结合相关事实介绍债券市场中存在的问题，并结合相关理论与文献对问题背后的机制进行解释；最后，结合债券市场发展目标，给出未来的研究方向。

【关键词】债券市场　高质量发展　债券定价效率　资源配置效率

1. 引言

随着我国经济进入高质量发展阶段，不同类型企业的多样化融资需求日益迫切。资本市场作为现代金融体系的重要组成部分、市场化配置资源的主战场，其功能的发挥有利于整个市场资源的合理配置，从而服务于实体经济的发展。而作为资金直达实体经济的重要渠道，债券市场在服务我国经济高质量发展方面正发挥着越来越重要的作用。因此，激发债券市场活力，规范债券市场监管秩序，是新时期提高直接融资比重，助力我国高质量发展的重要攻坚方向。基于债券市场的重要性，本文选择以债券市场为论述对象，并基于党的二十大报告中"构建高水平社会主义市场经济体制"这一理论包含的"健全资本市场功能，提高直接融资比重"和"依法将各类金融活动全部纳入监管，守住不发生系统性风险的底线"这两个观点，对债券市场存在的问题进行论述

* 基金项目：教育部人文社科青年基金项目"僵尸企业与债券定价扭曲：基于金融分权的解释研究"（项目批准号：22YJC630081）。

通讯作者：林晚发，E-mail：linwanfa2013@163.com。

与探讨。

企业外部融资方式有直接融资与间接融资两种类型。间接融资的关键在于金融中介参与，俗称交易对手。换言之，资金供给与需求双方通过交易对手进行借贷关系；而直接融资是指没有金融中介作为交易对手，资金供给与需求双方直接进行借贷关系。对于企业来说，相比间接融资，直接融资成本比较低，信息更透明，更有利于资源合理配置。更为重要的是，在现阶段金融去杠杆与稳杠杆背景下，来自银行的间接融资越来越困难，企业有动机寻求更多的直接融资机会。同时，政府部门相关政策也进一步加快了债券市场发展以及债券市场扩容（比如债券通、债券注册制），为企业直接融资提供了重要场所。

金融活动是指与货币、货币流通、信用等直接相关的经济活动。对于债券市场来说，信用是债券市场发展的根基。债券市场信用既包括发行人信用，也包括中介机构的信用。发行人信用越好，信息披露质量越高，越有利于债券的合理定价，实现债券市场资源合理配置；市场中介信用越好，越能够给出更为关键的外部信息，进而强化债券市场风险防范与预警，实现高质量发展。

2. 中国债券市场相关情况

2.1 中国债券市场现实发行情况

据作者对中国债券市场余额 10 年历史存量统计，可以看到债券市场规模在稳步提高，从 2013 年的 40 万亿元到 2021 年的 130 万亿元，增加了 2.5 倍，并已经成为全世界第二大债券市场。[1] 另外，我们看到中国债券市场余额/GDP 的比例超过了 100%，但是美国这一比例大约为 200%，因此中国债券市场直接融资比例存在一定的提升空间，以便更充分发挥债券市场相关功能。

从债券种类分布来看，中国债券市场以国债、地方政府债、金融债为主导，三种债券规模约占整个市场的 66%。对于通俗意义上来讲的企业债·（包括企业债、公司债与中期票据），规模只占到 15%，因此企业债市场也有待扩容的空间。这里需要说明的是，中国债券市场债券种类复杂多样，其原因主要是债券发行一直实行审批制度，而不同类型债券的审批监管机构又不相同，且监管机构之间相互孤立，进而导致企业可以根据自身需要选择发行不同类型的债券。

2.2 债券市场功能

对于一般企业来说，债券作为一种直接融资方式，相比银行贷款，一般借贷成本更低，能够帮助实现企业利润最大化。同时，黄继承等（2022）研究结论表明，债券融资能够向市场传递企业的积极信号，部分种类的债券还能通过替代融资渠道的方式迫使银行降低借贷成本。因此，债券市场

---

① 数据来源于 Wind。

一方面通过向企业提供更优质的资金，另一方面通过定价机制传递企业私有信息，影响企业借贷市场议价能力，并从多个维度提高企业的可持续发展能力。

对于城投企业来说，此类公司承担了地方政府的基础设施建设与公益项目等公益性服务，通过这些公益性项目助力地区经济发展与人民生活质量改善，从而实现共同富裕。作为非营利组织的城投企业，投资的资金部分来源于债券市场，因此债券市场的发展有利于城投公司获得更多高性价比的债券融资，从而有利于城投公司与整个地区既定目标的实现。

对于地方政府来说，地方政府债务风险逐步攀升，庞大的债务偿付额对地方政府造成了巨大的财政压力，也给地方经济发展与社会稳定带来了巨大危害。据 Wind 数据统计，截至 2021 年末，我国宏观杠杆率高达 263%，地方政府债务占 GDP 比例已超过 75%，突破了 60% 的国际警戒线。更值得关注的是，城投债作为地方政府的隐性风险也居高不下，占地方政府债务与 GDP 的比例分别高达 53% 与 38%。因此，随着地方政府债务规模的扩张，债务风险特别是城投债风险引致的潜在系统性金融风险成为政府和学者关注的重点。特别地，党的二十大报告中明确提出，依法将各类金融活动全部纳入监管，守住不发生系统性风险的底线，其中一个重要议题就是防范化解地方政府债务风险。而债券市场的发展为地方政府防范与化解债务提供了一个可行渠道。一方面，地方政府通过债券市场发债，使得地方政府债务显性化，有利于测算地方政府债务风险与化解风险；另一方面，地方政府可以通过置换债的发行，降低地方政府债务成本，来减小当地的债务风险。

对于我们整个国家来说，债券市场可以成为央行货币政策的工具。存款准备金、公开市场业务、利率调控等操作可以通过影响债券市场来进一步扩大政策效力和影响范围。此外，国家还可以直接发行国债筹集资金。

2.3 债券市场功能实现的逻辑

债券市场发挥作用的核心在于债券市场定价效率。债券市场定价效率越高，其资源配置的效率就越高，整体市场作用发挥也越好。

（1）债券定价与债券违约风险。从理论上来说，债券违约风险对市场与投资者的危害程度受到债券定价效率的影响。如果债券市场定价合理，债券风险溢价能够在很大程度上弥补投资者承担的额外违约风险，那么债券违约对于市场与投资者来说就是可以接受的。换言之，只要债券准确定价，即使在存在违约或者违约常态化背景下，整个市场不会对违约产生太多的敏感效应，整体债券市场就会得到投资者的持续关注，进而有利于市场的进一步发展。

（2）信用评级机构等信息中介与债券定价。债券市场定价效率的重要影响因素之一是市场额外信息的供应。作为债券市场信息收集和发布的核心机构，信用评级机构产出信息的多少和准确性决定了市场额外信息的供应，直接影响了债券市场进行定价的整体效率。存在相关研究表明，承销商、会计事务所、担保机构、律师事务所等信息中介功能的发挥能在一定程度上影响债券市场的定价效率。因此，这些信息中介也是值得关注和研究的主题方向。

3. 中国债券市场相关问题

3.1 信用评级相关问题

在一个成熟的资本市场上，债券投资者通常会参考企业的信用评级来对债券发行人的质量进行衡量，另外监管部门也会参考企业信用评级来决定企业是否被允许进入公共债务市场。例如在 2021 年之前，我国债券市场要求企业拥有债券 AA 及以上评级才能顺利发行债券。同时，已有国内外大量研究表明：信用评级存在信息效应，能够对现有市场信息进行整合，同时通过自身调研获得企业私有信息，并将这些信息反映到评级结果中。正是由于信用评级含有私有信息，所以能够影响市场投资者的相关行为。

然而，中国信用评级与国外信用评级相比存在一定的差异。具体来说：

第一，比较中美信用评级市场现状发现，美国信用评级机构以标普、惠誉和穆迪三大评级机构为核心，三者占据了评级总量的 96.5%；而中国评级机构数量众多，没有形成类似美国的信用评级市场格局，主要表现为竞争性市场。这也使得我国评级机构在竞争性环境中，为了保持业务与发展，在一定程度上会迎合客户的要求，从而出现评级质量较差的问题。

第二，结合中国的债券信用评级分布可知，在债券发行时，AAA 评级作为最高级别占整个债券市场债券比例达到 63%，AA+占 23%，两者之和达到了 86%，这与国外债券市场信用评级分布相比存在一定的不同。上述数据事实也进一步说明评级集聚在 AA+和 AAA 高等级上，导致评级信息含量较少，也就无法准确识别债券的信用风险，即信用评级信息功能受到影响。同时，作者也统计了违约债券的评级分布，我们发现 AA+占 31%，AAA 占 20%，这个结果也进一步说明我国信用评级存在比较严重的虚高现象。

基于我国债券信用评级存在的问题，我们总结了 3 个可能的解释：

（1）在发行人付费模式下，评级机构的收入来源于被评级企业，因此二者之间存在评级和利益的冲突。评级机构为了获得业务与收入可能会出现评级迎合的行为。

（2）中国信用评级市场竞争激烈，并且随着外资评级机构的进入，竞争将白热化。同时，由于各类评级机构综合影响力相差较小，在争夺业务和利益的情况下，评级机构就会出现评级购买和评级迎合的行为。

（3）2021 年之前我国信用债市场要求 AA 及以上才能发行债券，从而倒逼企业与机构进行评级包装来提高信用评级，以达到发行评级门槛。

3.2 债券定价相关问题

债券定价效率一直是一个比较重要的概念，但又是一个难以衡量的概念。Ding 等（2022）定义了债券市场一二级价差，即以二级市场第一天或者第一周的债券价格作为基础，来衡量债券发行价格的准确性，他们的研究发现中国信用债市场存在一级市场定价扭曲现象。

基于上述债券定价效率的衡量，我们使用一级市场票面利率减去二级市场票面利率来观察债券在一级二级市场的不同反应。统计结果显示，只有中期票据这类债券出现了负利差，也就是说中期票据在一级市场的价格高于二级市场，这代表二级市场并不认可一级市场的发行价格，即一级市场定价存在扭曲现象。进一步观察中期票据的溢价情况发现，在财政较差的省份、国有企业、城商行发行的这些债券中，一二级市场溢价更加显著。定价扭曲将损害市场价格发现功能，进而影响债券市场资源配置效率，阻碍直接融资扩大。

对上述债券市场一二级价差的现象，我们试图从地方政府干预与银行参与两个视角进行相应的解释：

（1）从地方政府干预角度来说，由于债券市场中存在一部分信息相对劣势的投资者，地方政府和银行则利用信息优势来吸引这些投资者进入地方债券的一级市场，将高利率的地方债务包装成低利率的债券发行，从而完成化债，减轻债务压力。另外，我们也发现相比非僵尸企业，僵尸企业债券的票面利率更低，一二级市场价差更大。如果以僵尸企业度量地方政府的干预，地方政府为了维持僵尸企业的运营，不仅通过银行间市场的扶持补助企业，还帮助企业在债券市场融资。在金融分权下，地方政府利用当地的银行资源，帮助企业承销债券、包装发行，压低票面利率，营造出优质债券的信息，从而成功融资。

（2）从银行参与角度来说，在银行承销商资金有限，包销难以实现时，银行更倾向于以低票面利率策略发行债券。由于低票面利率会释放债券优质的信息，会吸引更多投资者参与认购从而保证发行成功。这就导致了一级市场债券价格过高，二级市场不认可一级市场溢价的现象。这个观点也得到了一些文献的支持，Ding 等（2022）证明了银行承销商为了获得业务，对一级市场参与者进行返费，从而补偿参与者因为一二级市场价差而产生的账面损失。王治国（2018）使用拍卖模型，验证了地方政府债券存在一二级市场价差，并证明其原因在于银行参与发行，地方政府与银行合作压低票面利率从而节省融资成本。

综合上述观点，中国债券市场存在信用评级严重虚高以及一级市场定价扭曲的问题，中国债券市场的债券定价效率较差，进而导致资源配置效率不佳，严重制约了债券市场直接融资比例的提高。

4. 中国债券市场未来研究方向

在健全资本市场功能、提高直接融资比例，以及降低系统性风险的背景下，债券市场未来的研究可以着重于以下三个方面：

（1）关注城投债的发行与违约情况。其一，随着城投公司数量的递增，城投公司的功能作用体现在哪些方面。换言之，城投公司如何服务地方政府相关建设有待深入研究。其二，由于城投公司是非营利机构，那么地方政府如何支持城投债发行，支持的方式有哪些，市场如何看待这些支持方式。其三，随着地方政府隐性担保能力的减弱，城投债的违约风险越来越大，采取什么样的方式可以减小城投债违约的影响。

（2）关注银行承销商的作用。现有研究对于银行承销商的研究仅仅局限在承销角色，而银行承销商的投资角色还没有得到应有的关注。未来的研究可以着重关注银行投资角色，进而分析银行对于债券一级市场定价效率的影响。另外，债券型基金行为也可以作为银行投资数据的分析工具。

（3）完善中国信用评级功能。随着债券注册制实施，债券发行不再强制要求债项评级，同时国外评级机构已经在国内市场开展业务。在此背景下，未来信用评级研究可以考虑：债券注册制是否会影响评级质量；外资评级机构进入对于本土评级机构评级质量的影响；评级机构被监管处罚对于评级质量的影响；企业更换评级机构的经济后果。

◎ 参考文献

[1] 黄继承，雍红艳，阙铄. 企业发行债券与贷款成本 [J]. 世界经济，2022，45（9）.

[2] 金成晓，李傲. 财政补贴、僵尸企业与经济结构 [J]. 商业研究，2021（5）.

[3] 王治国. 政府干预与地方政府债券发行中的"利率倒挂"[J]. 管理世界，2018，34（11）.

[4] Ding, Y., Xiong, W., Zhang, J. Issuance overpricing of China's corporate debt securities [J]. Journal of Financial Economics, 2022, 144（1）.

Improve the Regulatory Capacity of the Bond Market and Strive to Promote High-quality Development

Lin Wanfa[1]　Chen Sijun[2]

(1, 2　Economics and Management School, Wuhan University, Wuhan, 430072)

Abstract：The report of the 20th National Congress of the Communist Party of China emphasized that "high-quality development is the primary task of building a modern socialist country in all respects". To promote high-quality development, it is necessary to further deepen the financial supply-side structural reform and enhance the ability of finance to serve the real economy. In view of this, this paper combines two points in the report under "building a high-level socialist market economy system": "improve the functions of the capital market, increase the proportion of direct financing"; "bring all types of financial activities under supervision in accordance with the law and guard the bottom line of no systemic risk". Firstly, we systematically explain the situation related to China's bond market; secondly, we introduce the problems in the bond market with relevant facts and explain the mechanism behind the problems in combination with relevant theories and literature; finally, we give the future research directions in combination with the development goals of the bond market.

Key words：Bond market; High-quality development; Bond pricing efficiency; Resource allocation efficiency

专业主编：潘红波

珞珈管理评论
2023 年卷第 1 辑（总第 46 辑）

Luojia Management Review
No. 1, 2023（Sum. 46）

编者按： 优化营商环境，营造市场化、法治化、国际化的一流营商环境，以激发市场主体活力，促进市场发挥更大作用，为经济发展积蓄基本力量，是实现中国经济高质量发展的内在要求，也是新时代面临的重大需求。鉴于此，开设"营商环境与高质量发展"专栏，刊发营商环境建设和企业高质量发展领域的具有学术前瞻性、创新性的原创论文。

政务服务市场：理论与实证*

● 徐现祥[1]　毕青苗[2]　王文茂[3]

（1，2，3　中山大学岭南学院　510275）

【摘　要】本文提出政务服务市场假说，为政府自身的系列改革提供了一个逻辑自洽的解释。在理论上，本文证明，当政务服务市场和产品市场同时均衡时，均衡企业办事成本是政府审批事项数量和办事方式的增函数，精简办事事项和优化办事方式有利于降低企业均衡办事成本。在实证上，本文基于对全国 28818 家企业实地访谈，度量 2018—2022 年企业办事成本，发现与理论预期一致，政务服务市场建设降低了企业办事成本。

【关键词】政务服务市场　办事成本

中图分类号：F203.9　　　　文献标识码：A

1. 引言

我国政府一直推进自身改革，持续优化向市场主体提供政务服务的种类和方式。20 世纪 90 年代以来，国务院 24 次发文取消调整政府审批事项，精简市场主体需办事项；各地不断建设完善政务服务中心，为市场主体提供"统一办理、联合办理、集中办理"的政务服务①；2013 年之后，我国不断深化商事制度改革和"放管服"改革、优化营商环境建设等，解决市场主体办事的"难点"和

---

* 基金项目：国家社会科学基金重大项目"现代信息技术驱动的我国营商环境优化研究"（项目批准号：20&ZD071）；国家自然科学基金青年项目"商事制度改革与企业进入：绩效与机制"（项目批准号：72003203）。

通讯作者：徐现祥，E-mail：lnsxuxx@ mail. sysu. edu. cn。

① 据黄璜（2020）考证，"20 世纪 80 年代文献中政务服务是指机构内设办公室为领导提供诸如文字、秘书等服务，直到 1999 年浙江省金华市率先建设政务服务中心，推行一站式审批服务，政务服务才指向政府为公众提供的服务"。

"堵点"，优化政务服务；2019 年党的十九届四中全会提出"推进数字政府建设"，为市场主体办事提供新渠道。[①] 这些政府改革，既转变了政府职能，又提高了政府办事效率、便捷了市场主体办事，是人们关注的改革热点。这些改革具有内在一致的逻辑吗？如何影响市场主体的办事成本？影响有多大？现有文献只是分别考察了政府的自身改革及其绩效，还没有系统性回答这些问题。

基于此，本文提出政务服务市场假说。在现实中，政务服务中心将企业"依自己意愿找政府办事"与政府部门"依法依规提供办理服务"有机结合起来（艾琳和王刚，2017），是政务服务市场的物理空间。在政务服务市场上，企业找政府办事，政府通过服务窗口受理，供给审批、许可等政务服务，企业支付办事成本。办事成本等于事项数量、办理成本与等待成本的乘积。其中，办理成本是指，企业在政府正式受理到办结事项期间支付的各类费用和耗时等；等待成本是指，企业在政府正式受理前支付的各类费用和耗时等。在政务服务市场上，政务服务窗口是有限的，当其他因素不变时，企业数量越多，来政务服务市场办事的企业就越多，等待耗时越久。这表明，在政务服务市场上，企业办事成本是企业数量的增函数。另一方面，在产品市场上，办事成本构成企业进入市场的门槛。当其他因素不变时，办事成本越高，企业进入产品市场的门槛越高，产品市场上的企业数量越少。这表明，在产品市场上，企业数量是企业办事成本的减函数。本文证明，政务服务市场与产品市场同时均衡是存在的。这时，均衡办事成本和均衡企业数量将受政府事项数量和办理方式等因素影响。因此，政府可从精简办事事项和优化办事方式等两个维度加强政务服务市场建设，不断降低企业均衡办事成本。

然后，本文基于企业访谈，度量 2018—2022 年企业办事成本。在指标上，本文构建了 6 个度量企业办事成本的指标，分别为登记注册时间、登记注册窗口、只跑一次比例、一窗办理比例、省时认可度、降费认可度。在数据上，为了使数据真实可比，本文对省、地级市、市辖区进行分层随机抽样，在各地政务服务中心随机面对面访谈前来办理业务的企业，5 年共实地调查访谈 30 省、156 个地市的 28818 家企业，基于此计算得到的企业办事成本是跨时间、跨地区可比的。

最后，本文提供政务服务市场建设降低企业办事成本的初步证据。本文基于实地调研数据计算发现，不论采用哪个度量指标，5 年来全国企业办事成本均有所降低。其中，在次数上，企业只跑一次的比例提高 24 个百分点；在耗时上，登记注册所花费的时间缩短 40%，省时认可度增加 3 个百分点；在窗口上，登记注册所需打交道的窗口减少 11%、企业一窗办理比例增加 2 个百分点；在费用上，降费认可度增加 26 个百分点。进一步按地理位置进行划分发现，不论东部地区还是非东部地区，企业的办事成本均实现下降；东部办事成本始终低于非东部地区，且两者之间的差距正在增加。

本文的工作与探讨何种政府和市场关系能更有效地促进经济增长的文献紧密相关。最近，人们尝试重新解析政府与市场在经济发展中的良性互动，主要有两种新假说。一种是"官场+市场"假说。周黎安（2018）提出了"官场+市场"理论[②]，强调官场竞争与市场竞争的"双向嵌入"关系：官场竞争深入嵌入市场竞争，官员努力制定激励辖区企业的政策，政策效果在市场竞争中得以体现；市场竞争嵌入官场竞争，企业的背后站着关心市场竞争结果的地方官员，加剧市场竞争程度；这两

---

① 全国各地几乎都推出了各类政务 APP 或小程序，比如粤省事、随申办、青松办、吉事办等。

② 周黎安（2018）明确指出："与世界范围内所有其他经济体相比较，中国市场经济最具独特特色的方面就是官场竞争与市场竞争的密切互动和高度结合，它为中国经济的高速增长奠定了关键性的制度基础。"

种竞争的性质决定了区域政府与市场（企业）之间的互动性质及区域经济发展。另一种是"有为政府+有效市场"假说。① 陈云贤（2019）从三类资源界定出发，分类讨论政府与市场互动，提出"有为政府+有效市场"理论。② 具体而言，其将资源界定为可经营性资源、非经营性资源与准经营性资源等三类，强调市场和政府分别是配置可经营性资源和非经营性资源的主体，区域政府可在准经营性资源领域进行资源生成，从而成为市场竞争主体，超前引领区域经济发展。这两种假说从不同的切入点出发，尝试用一个"+"号刻画政府与市场之间的互动，但尚未系统考察区域政府如何直接服务辖区企业，本文尝试填补这个缺口。

本文的工作也属于地方官员文献。改革开放以来，中国创造了经济增长奇迹。中国经济增长文献努力的方向之一是将其归因于地方政府为增长而竞争，强调财政分权的经济激励和政治晋升的政治激励有效激发了地方政府发展辖区经济的积极性，从而努力推动辖区经济增长。现有地方官员文献已经考察了地方官员所面临的激励机制，比如财政激励（Qian and Xu，1993；Qian and Weingast，1997；张军，2007；杨其静和聂辉华，2008；Xu，2011）和政治激励（Bo，2002；Li and Zhou，2005；周黎安，2007；陶然和汪晖，2010；杨其静和郑楠，2013；Yao and Zhang，2015）；并从不同维度探讨了地方官员的政策手段，比如帮助之手（Blanchard and Shleifer，2001；Zhuravskaya，2000；Bardhan，2006）、资源流动（钱先航和曹廷求，2017；徐现祥和李书娟，2019）、经济增长目标（徐现祥和梁剑雄，2014；周黎安等，2015；余泳泽和杨晓章，2017；Li et al.，2019）；以及检验了相应的发展绩效，比如经济增长（徐现祥等，2007；张军和高远，2007；张平等，2012；姚洋和张牧扬，2013）。这些文献构成了地方政府视角的"激励—行为—绩效"分析范式。这个分析范式对中国经济增长具有很强的解释能力（周黎安，2017），但似乎还缺少一个环节：地方政府是如何直接为企业提供政务服务的？这是地方官员影响辖区经济发展的"最后一公里"，毕竟，财政分权和政治晋升是政府内部的事，经济增长最终是由市场主体创造的。本文提出政务服务市场假说，系统地考察这个"最后一公里"，对现有文献是一个有益的补充。

本文的工作还属于我国改革绩效评估文献。这类文献主要关心两个方面的改革绩效。一是关注改革带来的营商环境变化。这类文献主要是通过构建营商环境综合指标体系，度量各省、地市的营商环境建设水平，评价地区间的横向差异和各地时间上的纵向变化（王小鲁等，2013；徐现祥等，2019；张三保等，2020；李志军等，2019；丁鼎等，2020；"中国城市营商环境评价研究"课题组，2021），为学界贡献了各具特色的综合指数。二是关注改革带来的经济绩效变化。这类文献的普遍做法是以各地设立行政审批中心等时间差异为识别策略，实证检验改革对企业进入（毕青苗等，2018；徐现祥和马晶，2019）、企业创新（王永进和冯笑，2018）、全要素生产率（朱光顺等，2020）等方面的影响程度，不断丰富学界对改革绩效的认知。但在营商环境和经济绩效之外，现有文献似乎忽略了改革最直接的影响：改革是如何影响企业办事成本的。不可否认，现有文献已经提出降低企业

---

① 党的十八届三中全会指出："使市场在资源配置中起决定性作用和更好发挥政府作用。"学界将其概括为有效市场与有为政府。比如林毅夫教授及其合作者强调经济发展和转型中有效市场与有为政府缺一不可（林毅夫，2017；王勇，2017）。十九届五中全会则首次明确提出（"十四五"规划文本再次明确）"推动有效市场和有为政府更好结合"。

② 陈云贤（2019）开宗明义提出，"中国特色社会主义市场经济是有为政府与有效市场相结合的经济"。

办事成本是改革影响企业资源配置的背后机制，但可能是缺乏数据，对办事成本的度量还比较间接，比如采用企业管理费用等方式度量（冯笑等，2018；夏杰长和刘诚，2017）。本文基于企业访谈数据，直接度量企业办事成本，补充这类文献。

本文以下部分的结构安排是，第二部分是一个简单模型，揭示政务服务市场的运行机制；第三部分运用政务服务市场理论，基于实地调查访谈企业，核算企业办事成本；最后是结论性评述。

2.　一个简单模型

本节考察政务服务市场的运行机制。在此基础上，考察政府许可事项、办理成本和办事方式等对一般均衡结果的影响。

假定经济体中有 N 个企业，企业面临两个市场。一是政务服务市场，企业需要在政务服务市场获得政府提供的生产许可等，并支付办事成本。假定每个企业需办理 B 个审批事项。在政务服务市场上，有 w 个人工办事窗口，每个人工办事窗口提供同质的审批服务。① 人工窗口办理一个事项的办理成本为 τ，比如人工窗口办理一个事项的法定耗时和收费等，间接度量了政府办事效率。另一个是产品市场，企业生产同质产品，生产函数为 $y = k^{\alpha}$，其中 k 是资本。产品市场是竞争性的，经济体里有无数的潜在进入者，一旦进入市场将投入资本进行生产，并支付与政府打交道的办事成本。经济体的初始资本存量为 $\bar{K}$。

首先考察企业在政务服务市场上的办事行为。在政务服务市场上，企业可以选择与任意一个人工窗口打交道，等到一个随机排位。因此，所有 w 个人工办事窗口处理完 BN 件审批事项的总成本为 τBN，企业在人工窗口办理一个事项所需支付的实际成本为 $c = \dfrac{\tau BN}{w}$，即单位办事成本。需要明确指出的是，尽管人工窗口办理一个事项的办理成本为 τ，但是政府无法同时处理 BN 件事项，企业办事需要等待，本文把 $c_w = \dfrac{BN}{w}$ 定义为等待成本，是企业数量 N 的增函数。其背后的经济含义很直观，在政务服务市场上，在给定人工窗口的情况下，企业数量越多，办事需要等待时间就越长。因此，企业办理一个事项的单位办事成本为 $c = \tau c_w$，等于办理成本与等待成本的乘积；办理 B 个事项的办事成本 C 则等于事项数量 B 与单个事项办事成本 c 的乘积，即：

$$C = B\tau c_w = \frac{\tau B^2 N}{w} \tag{1}$$

式（1）中的办事成本 C 至少有三点值得强调。一是，在政务服务市场上，经济体的企业数量 N 影响企业的办事成本 C。如图 1 所示，经济体的企业数量 N 越多，在政务服务市场上，企业的办事成本 C 越高。这是因为，企业办理一个事项的等待成本是企业数量 N 的增函数。二是，事项数量 B 对企业办事成本 C 既有直接影响又有间接影响。直接影响是指，给定单位办事成本为 c，事项数量 B

---

① 这意味着，每个人工窗口都是综合窗口，都可办理 B 个审批事项。

越多，企业办事成本 C 越高；间接影响是指，给定办理事项的人工窗口数量，事项数量 B 越多，企业办事需要等待时间就越长，等待成本越高。三是，办事成本 C 不受企业个体因素影响。因此，对企业而言，办事成本 C 是外生给定的。

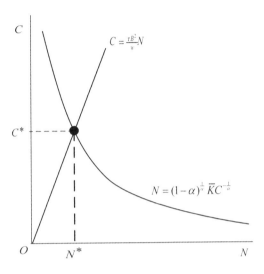

图 1　办事成本与企业数量的关系

接下来，我们考察企业在产品市场上的行为。当存在办事成本 C 时，企业视之给定，其利润最大化问题为 $\max\limits_{k} k^{\alpha} - rk - C$。其中，$r$ 为利率。企业利润最大化条件为 $\alpha k^{\alpha-1} = r$，代入企业利润表达式，可得企业自由进入市场条件：

$$(1 - \alpha) k^{\alpha} = C \qquad (2)$$

式（2）揭示了办事成本可构成影响资本进入市场的门槛。式（2）左边是，如果不考虑办事成本，企业进入市场可获得的最大利润。该利润大于办事成本 C 时则进入，否则不进入。因此，办事成本成为一个市场准入的门槛。为了更加直接度量办事成本的门槛效应，将资本市场出清条件 $Nk = \bar{K}$ 代入式（2）可得：

$$N = (1 - \alpha)^{\frac{1}{\alpha}} \bar{K} C^{-\frac{1}{\alpha}} \qquad (3)$$

式（3）描述了在产品市场上，企业数量与办事成本之间的关系。办事成本越高，企业进入市场的门槛越高，经济体的企业数量越少。因此，在产品市场上，经济体的企业数量 N 是办事成本 C 的减函数，如图 1 中向右下方倾斜的曲线所示。

最后，求解经济体的一般均衡，即政务服务市场与产品市场同时实现均衡。联立式（1）和式（3）可知，一般均衡存在且唯一。如图 1 所示，简单计算可得，均衡办事成本和均衡企业数量分别为：

$$C^{*} = \left(\frac{\tau B}{w}\right)^{\frac{\alpha}{1+\alpha}} B^{\frac{\alpha}{1+\alpha}} \left((1 - \alpha) \bar{K}^{\alpha}\right)^{\frac{1}{1+\alpha}}$$

$$\qquad (4)$$

$$N^{*} = \left(\frac{\tau B}{w}\right)^{-\frac{1}{1+\alpha}} B^{-\frac{1}{1+\alpha}} \left((1 - \alpha) \bar{K}^{\alpha}\right)^{\frac{1}{1+\alpha}}$$

式（4）揭示了影响均衡办事成本和均衡企业数量的因素，其性质为命题 1 所刻画。

命题 1： 当经济体一般均衡时，$\dfrac{\partial \ln C^*}{\partial \ln B} = \dfrac{2\alpha}{1+\alpha}$，$\dfrac{\partial \ln N^*}{\partial \ln B} = -\dfrac{2}{1+\alpha}$；$\dfrac{\partial \ln C^*}{\partial \ln \tau} = \dfrac{\alpha}{1+\alpha}$，$\dfrac{\partial \ln N^*}{\partial \ln \tau} = -\dfrac{1}{1+\alpha}$。

命题 1 的经济含义非常直观，揭示了事项数量 B 和办理成本 τ 对企业办事成本和企业数量的影响程度。具体而言，事项数量 B 的办事成本弹性和企业数量弹性分别为 $\dfrac{2\alpha}{1+\alpha}$ 和 $-\dfrac{2}{1+\alpha}$。这表明，在行政审批改革中，如果事项数量下降 1 个百分点，企业的办事成本将下降 $\dfrac{2\alpha}{1+\alpha}$ 百分点，企业数量将增加 $\dfrac{2}{1+\alpha}$ 个百分点。由 $0 < \alpha < 1$ 可知，事项数量 B 的办事成本弹性是缺乏弹性的，但是企业数量弹性是充分弹性的。同理，办理成本 τ 的办事成本弹性和企业数量弹性分别为 $\dfrac{\alpha}{1+\alpha}$ 和 $-\dfrac{1}{1+\alpha}$，都是缺乏弹性的。当然，从政治经济学的角度看，每个事项都是政府相关部门的职权，直接取消或调整都将涉及制度改革，是有难度的。但在职权不变的情况下，优化办事方式降低办理成本则相对容易，比如数字政府建设，既为政务办事大厅和营商环境建设中优化办事流程提供了技术支撑，推进涉企审批减环节、减材料、减时限，又为企业办事提供了新的选择。

接下来，本文核算企业办事成本，考察政务服务市场建设对企业办事成本的影响。

3. 实地调查证据

本节介绍核算企业办事成本的方法、数据和结果。

3.1 办事成本核算方法

本文构建了 6 个度量企业办事成本的指标，如表 1 所示。

一是登记注册时间。调查中，调查员访谈市场主体，"企业注册成立时，完成注册（拿到工商营业执照）所需的时长为多久"。本文根据企业登记注册年份、登记注册所需时间的访谈数据，计算每年新登记注册的企业完成登记注册平均所需时间。企业完成登记注册所需时间越短，企业办事成本越低，是正向指标。

二是登记注册窗口。调查中，调查员访谈市场主体，"企业注册成立时，完成企业注册所需交涉和沟通的办事窗口数量有多少"。本文基于市场主体登记注册年份、登记注册时所需打交道窗口数量的访谈数据，计算每年新登记注册的市场主体完成登记注册平均所需打交道的窗口数量。企业完成登记注册所需打交道的窗口数量越少，企业办事成本越低，是正向指标。

三是只跑一次比例。调查中，调查员访谈市场主体，"在过去半年中，您来这个办事大厅办成一件事大致需要跑几次"，基于此计算办成一件事只跑一次的企业占比。只跑一次比例越高，企业办事成本越低，是负向指标。

四是一窗办理比例。调查中，调查员访谈市场主体，"在过去半年中，您来这个办事大厅办成一件事，每次需要和几个窗口打交道"，基于此计算只和一个窗口打交道的企业占比。一窗办理比例越高，企业办事成本越低，是负向指标。

五是省时认可度。调查中，调查员访谈市场主体，"据您了解，目前的'放管服'改革措施能够降低企业与政府打交道的时间吗"，基于此计算认为与政府打交道时间降低的企业占比。省时认可度越高，企业办事成本越低，是负向指标。

六是降费认可度。调查中，调查员访谈市场主体，"据您了解，目前的'放管服'改革措施能够降低企业与政府打交道的费用吗"，基于此计算认为与政府打交道费用降低的企业占比。降费认可度越高，企业办事成本越低，是负向指标。

表1　　　　　　　　　　　　　　　办事成本的核算方法

办　事　成　本	核　算　方　法
登记注册时间	每年新登记注册企业的平均注册天数（天）
登记注册窗口	每年新登记注册企业的平均注册窗口数（个）
只跑一次比例	办一件事只跑一次的企业占比（%）
一窗办理比例	办一件事只和一个窗口打交道的企业占比（%）
省时认可度	认为与政府打交道时间降低的企业占比（%）
降费认可度	认为与政府打交道费用降低的企业占比（%）

3.2　实地调查方法

3.2.1　抽样方法

为使办事成本核算跨时跨地可比，本文通过分层抽样方法确定调查地。以2018年为例，首先，为满足调查省份的全国代表性，本文在省（自治区、直辖市，以下统称"省"）层面抽取一半样本，使得抽中的16个省与未抽中的15个省在名义GDP以及规模以上工业总产值上不存在显著差异。接着，为满足调查市区的省份代表性，本文继续在抽中的省中抽取一半的地级市，满足省内抽中地级市与未抽中地级市在名义GDP和规模以上工业总产值上不存在显著差异，满足全国范围内抽中地级市与未抽中地级市也不存在显著差异。最后，在抽中的地级市中随机抽取一半的市辖区，满足市内抽中区与未抽中区在名义GDP和总人口上无显著差异。

根据以上分层随机抽样规则，2018年第一轮调查抽取了16省、74市、182个区。2019年第二轮调查通过分层随机抽样扩大至24省、110市、281个区。2020年第三轮调查覆盖28省、67市、245

个区。2021 年第四轮调查覆盖 14 省、26 市、70 个区。2022 年第五轮调查覆盖 19 省、35 市、138 个区。5 年总共覆盖 30 省、156 个地市的 503 个政务服务中心。

3.2.2　调查方法

为获得各地企业的真实评价，本文采用访谈法收集数据。调查以面对面访谈的方式进行，调查员进入调查政务服务中心后，随机选取前来办理业务的企业，向企业说明调查目的、询问企业是否愿意接受采访。调查采取全程电子化的方式进行，调查员与企业进行面对面访谈、提问，企业每回答一个问题，调查员在移动端实时填写问卷，并进入下一题。本研究 2018—2022 年连续 5 年在 30 省、156 个地市的 503 个政务服务中心面对面随机访谈了 28818 家前来办事的企业。

为确保调查的数据质量，后台每天对数据质量进行严格检查。一是整体检查，后台基于数据检查程序自动对调查数据进行技术性检查。二是"双随机"抽查，后台通过"双随机"的方式，随机从每日产生的问卷中抽取一定比例、随机匹配给后台检查人员，进行二次检查。

3.3　办事成本核算结果

根据指标体系和实地调查数据，本文计算得到 2018—2022 年企业办事成本，如表 2 所示。

从耗时上看，企业登记注册时间压缩，省时认可度提升。2022 年企业登记注册平均 4.4 天，与 2018 年相比，5 年间企业登记注册平均耗时缩短了 2.6 天，缩短幅度接近 40%。2022 年全国 89% 的企业认为"放管服"改革降低了其与政府打交道的时间，与 2018 年相比提升了 3 个百分点，5 年间省时认可度一直保持在九成左右。

从窗口上看，企业登记注册所需打交道的窗口数量减少，一窗办理比例提高。2022 年企业登记注册平均与 1.6 个窗口打交道，与 2018 年相比，5 年间减少了 0.2 个窗口，减少幅度约为 11%。2022 年 70% 企业办一件事实现一窗办理，与 2018 年相比提升 2 个百分点，5 年间一直保持在七成左右。

从次数上看，企业办事只跑一次的比例提高。2018 年有 30% 的受访企业表示办成一件事只需要跑一次，2019—2020 年逐步提升至到 40% 左右，到 2021 年达到 51%、突破半数，2022 年进一步上升至 54%，5 年共提升了 24 个百分点。

从费用上看，降费认可度提升。2022 年全国 89% 的企业认为"放管服"改革降低了其与政府打交道的费用，与 2018 年相比增加了 24 个百分点，整体呈上升趋势。

表 2　　　　　　　　　　　　　　**2018—2022 年企业办事成本**

办事成本	2018 年	2019 年	2020 年	2021 年	2022 年
登记注册时间	7.0	6.9	6.2	5.6	4.4
登记注册窗口	1.8	1.8	1.7	1.7	1.6
只跑一次比例	30%	42%	44%	51%	54%
一窗办理比例	68%	67%	69%	69%	70%

续表

办事成本	2018 年	2019 年	2020 年	2021 年	2022 年
省时认可度	86%	87%	89%	91%	89%
降费认可度	65%	72%	74%	91%	89%

数据来源：《中国营商环境报告（2019）》《中国营商环境报告（2020）》《中国营商环境报告（2021）》《中国营商环境调查报告（2022）》。下同。

进一步按地理位置进行划分，东部和非东部地区的办事成本均实现下降。本文将时间划分为 2018—2020 年"十三五"期间和 2021—2022 年"十四五"期间，分别计算东部和非东部企业的办事成本。① 如表 3 所示，随着政务服务市场建设，东部和非东部企业的办事耗时、窗口、次数和费用均实现下降，其中登记注册时间分别缩短了 1.7 天和 1.6 天，降费认可度分别提升了 20 个百分点和 18 个百分点，只跑一次比例分别增加了 16 个百分点和 15 个百分点，是进步最大的三个指标。

从地区间的横向对比来看，不论时间、窗口、次数还是费用，东部和非东部地区的差距都略有增加。以登记注册时间为例，2018—2020 年，东部企业登记注册平均需要 6.3 天，比非东部企业少 0.2 天；到 2021—2022 年时，东部企业平均 4.6 天完成登记注册，比非东部企业少 0.3 天，差距增加。在办事窗口、次数和费用上，东部与非东部地区企业的办事成本差距也都在增加，其中一窗办理比例的差距、降费认可度的差距、只跑一次比例的差距分别增加了 3 个百分点、2 个百分点、1 个百分点。

表 3　　　　　　　　　　　　东部和非东部企业办事成本对比

办事成本	2018—2020 年（"十三五"期间）			2021—2022 年（"十四五"期间）		
	东部	非东部	差值	东部	非东部	差值
登记注册时间	6.3	6.5	-0.2	4.6	4.9	-0.3
登记注册窗口	1.8	2.0	-0.2	1.6	1.8	-0.2
只跑一次比例	39%	36%	3%	55%	51%	4%
一窗办理比例	70%	64%	6%	74%	65%	9%
省时认可度	88%	86%	2%	90%	88%	2%
降费认可度	71%	70%	1%	91%	88%	3%

注：2018—2020 年"十三五"期间调研的东部地区包括北京、天津、河北、上海、江苏、浙江、福建、山东、广东、海南，共 10 个省区市。2021—2022 年"十四五"期间调研的东部地区包括北京、天津、河北、上海、江苏、浙江、福建、山东、广东，共 9 个省区市。

---

① 《中华人民共和国国民经济和社会发展第十四个五年规划和 2035 年远景目标纲要》提出，构建一流营商环境，深化简政放权、放管结合、优化服务改革，全面实行政府权责清单制度，持续优化市场化法治化国际化营商环境。

综上，本文核算结果表明，随着政务服务市场建设不断推进，全国企业办事成本实现下降；从不同地区来看，东部和非东部企业办事成本均下降，但差距增加。

4. 结论性评述

近 30 年来，我国政府持续推进自身改革，比如行政审批改革、商事制度改革、"放管服"改革、优化营商环境建设、数字政府建设等，畅通政府影响辖区经济发展的"最后一公里"，方便企业办事。本文尝试系统考察这些改革背后的逻辑和绩效。

本文提出了政务服务市场假说。在政务服务市场上，政府是供给方，向企业提供政务服务；企业是需求方，支付办事成本。在产品市场上，办事成本构成企业进入市场的门槛，影响企业进入。本文证明，政务服务市场和产品市场同时均衡是存在的，均衡办事成本是政府审批事项数量和办理方式的增函数。因此，政府精简事项数量和优化办事方式，完善政务服务市场，能够降低企业办事成本。

本文测算了我国企业办事成本。具体方法是，从办事次数、时间、窗口、费用等方面直接度量企业办事成本。基于实地调查企业访谈数据，本文发现，2018—2022 年企业办事次数、时间、窗口、费用等办事成本均下降；从地区差距来看，东部地区办事成本低于非东部地区，且差距在增加。

本文的工作初步揭示了，政务服务市场建设能够降低企业办事成本的机制及绩效，至少以下两个方向值得进一步研究。一是考察地方政府建设政务服务市场的激励机制及其绩效；二是更加系统核算各地办事成本大小，分析差异及其影响。

◎ 参考文献

[1] 艾琳，王刚. 大城市的政府职权配置与现代政府型构——基于深圳"强区放权"的论析 [J]. 国家行政学院学报，2017 (4).

[2] 毕青苗，陈希路，徐现祥，等. 行政审批改革与企业进入 [J]. 经济研究，2018，53 (2).

[3] 陈云贤. 中国特色社会主义市场经济：有为政府+有效市场 [J]. 经济研究，2019，54 (1).

[4] 丁鼎，高强，李宪翔. 我国城市营商环境建设历程及评价——以 36 个省会城市、直辖市及计划单列市为例 [J]. 宏观经济管理，2020 (1).

[5] 冯笑，王永进，刘灿雷. 行政审批效率与中国制造业出口——基于行政审批中心建立的"准自然实验" [J]. 财经研究，2018，44 (10).

[6] 黄璜. 中国"数字政府"的政策演变——兼论"数字政府"与"电子政务"的关系 [J]. 行政论坛，2020，27 (3).

[7] 李志军，张世国，李逸飞，等. 中国城市营商环境评价及有关建议 [J]. 江苏社会科学，2019 (2).

[8] 林毅夫. 中国经验：经济发展和转型中有效市场与有为政府缺一不可 [J]. 行政管理改革，

2017（10）.

［9］钱先航，曹廷求．钱随官走：地方官员与地区间的资金流动［J］.经济研究，2017，52（2）.

［10］陶然，汪晖．中国尚未完成之转型中的土地制度改革：挑战与出路［J］.国际经济评论，2010（2）.

［11］王小鲁，余静文，樊纲．中国分省企业经营环境指数报告（2013）［M］.北京：中信出版社，2013.

［12］王勇．论有效市场与有为政府：新结构经济学视角下的产业政策［J］.学习与探索，2017（4）.

［13］王永进，冯笑．行政审批制度改革与企业创新［J］.中国工业经济，2018（2）.

［14］夏杰长，刘诚．行政审批改革、交易费用与中国经济增长［J］.管理世界，2017（4）.

［15］徐现祥，李书娟．官员偏爱籍贯地的机制研究——基于资源转移的视角［J］.经济研究，2019，54（7）.

［16］徐现祥，毕青苗，马晶．中国营商环境报告（2021）［M］.北京：社会科学文献出版社，2021.

［17］徐现祥，毕青苗，马晶．中国营商环境报告（2020）［M］.北京：社会科学文献出版社，2020.

［18］徐现祥，毕青苗，周荃．中国营商环境调查报告（2022）［M］.北京：社会科学文献出版社，2022.

［19］徐现祥，林建浩，李小瑛．中国营商环境报告（2019）［M］.北京：社会科学文献出版社，2019.

［20］徐现祥，梁剑雄．经济增长目标的策略性调整［J］.经济研究，2014，49（1）.

［21］徐现祥，马晶．商事制度改革与市场主体进入率——数量竞争还是质量竞争［J］.中山大学学报（社会科学版），2019，59（6）.

［22］徐现祥，王贤彬，舒元．地方官员与经济增长——来自中国省长、省委书记交流的证据［J］.经济研究，2007（9）.

［23］杨其静，聂辉华．保护市场的联邦主义及其批判［J］.经济研究，2008（3）.

［24］杨其静，郑楠．地方领导晋升竞争是标尺赛、锦标赛还是资格赛［J］.世界经济，2013，36（12）.

［25］姚洋，张牧扬．官员绩效与晋升锦标赛——来自城市数据的证据［J］.经济研究，2013，48（1）.

［26］余泳泽，杨晓章．官员任期、官员特征与经济增长目标制定——来自230个地级市的经验证据［J］.经济学动态，2017（2）.

［27］张军．分权与增长：中国的故事［J］.经济学（季刊），2008（1）.

［28］张军，高远．官员任期、异地交流与经济增长——来自省级经验的证据［J］.经济研究，2007（11）.

［29］张平，赵国昌，罗知．中央官员来源与地方经济增长［J］.经济学（季刊），2012，11（2）.

［30］张三保，康璧成，张志学．中国省份营商环境评价：指标体系与量化分析［J］．经济管理，2020，42（4）．

［31］"中国城市营商环境评价研究"课题组．中国城市营商环境评价的理论逻辑、比较分析及对策建议［J］．管理世界，2021，37（5）．

［32］周黎安．中国地方官员的晋升锦标赛模式研究［J］．经济研究，2007（7）．

［33］周黎安，刘冲，厉行，等．"层层加码"与官员激励［J］．世界经济文汇，2015（1）．

［34］周黎安．转型中的地方政府：官员激励与治理［M］．上海：格致出版社，2017．

［35］周黎安．"官场+市场"与中国增长故事［J］．社会，2018，38（2）．

［36］朱光顺，张莉，徐现祥．行政审批改革与经济发展质量［J］．经济学（季刊），2020，19（3）．

［37］Bardhan，P. The economist's approach to the problem of corruption［J］. World Development，2006，34（2）．

［38］Blanchard，O.，Shleifer A. Federalism with and without political centralization：China versus Russia［R］. IMF staff papers，2001，48（1）．

［39］Bo，Z. Chinese provincial leaders：Economic performance and political mobility since 1949［M］. London：M. E. Sharpe，2002.

［40］Li，H.，Zhou，L. A. Political turnover and economic performance：The incentive role of personnel control in China［J］. Journal of Public Economics，2005，89（9-10）．

［41］Li，X.，Liu，C.，Weng，X.，et，al. Target setting in tournaments：Theory and evidence from China［J］. The Economic Journal，2019，129（623）．

［42］Qian，Y.，Weingast，B. R. Federalism as a commitment to reserving market incentives［J］. Journal of Economic Perspectives，1997，11（4）．

［43］Qian，Y. Y.，Xu，C. G. Why China's economic reforms differ：The M-form hierarchy and entry/expansion of the non-state sector［J］. Economics of Transition，1993，1（2）．

［44］Xu，C. The fundamental institutions of China's reforms and development［J］. Journal of Economic Literature，2011，49（4）．

［45］Yao，Y.，Zhang，M. Sub-national leaders and economic growth：Evidence from Chinese cities［J］. Journal of Economic Growth，2015，20（4）．

［46］Zhuravskaya，E. V. Incentives to provide local public goods：Fiscal federalism，Russian style［J］. Journal of Public Economics，2000，76（3）．

Administrative Approval Market：Theory and Evidence

Xu Xianxiang[1]　Bi Qingmiao[2]　Wang Wenmao[3]

（1，2，3　Lingnan College，Sun Yat-sen University，Guangzhou，510275）

Abstract：This paper proposes a novel administrative approval market hypothesis to offer a coherent explanation for government administrative approval reforms. Theoretically, this paper shows that when simultaneous equilibria are achieved in administrative approval market and the production market, the institutional cost of firms is a increasing function of the number of administrative approval items, and the approach of administrative services. Empirically, utilizing our field survey of 28,818 firms across China from 2018 to 2022, we find consistent results with our theoretical prediction, that the advancements of the administrative approval market reduce the bureaucratic costs of firms.

Key words：Administrative approval market；Institutional cost

附录

附表 1　　　　　　　　　　　　　全国受访市场主体的地区分布

省份	2018 年	2019 年	2020 年	2021 年	2022 年
北京	6%	3%	2%	6%	1%
天津	4%	2%	1%		1%
河北		5%	4%		5%
山西		2%	2%		
内蒙古			1%		
辽宁					
吉林	4%	4%	2%		4%
黑龙江			1%		
上海		3%	1%	14%	
江苏		6%	2%	5%	3%
浙江	6%	8%	1%	10%	4%
安徽	6%	5%	2%	6%	4%
福建	9%	5%	2%	4%	1%
江西			2%		4%
山东	8%	5%	4%	1%	4%
河南	7%	5%	3%	10%	
湖北		7%	4%		
湖南	9%	5%	3%	5%	6%
广东	9%	6%	36%	9%	31%
广西	8%	6%	5%	8%	14%
海南		1%	3%		
重庆		3%	4%		2%
四川			7%	3%	
贵州	4%	3%	2%	7%	3%
云南	4%	5%	1%		4%

续表

省份	2018 年	2019 年	2020 年	2021 年	2022 年
陕西	7%	4%	3%	11%	8%
甘肃	5%	4%	1%		
青海		1%	1%		
宁夏	4%	3%	1%		
新疆					3%

数据来源：《中国营商环境报告（2019）》《中国营商环境报告（2020）》《中国营商环境报告（2021）》《中国营商环境调查报告（2022）》。

附表 2　　　　　　　　　　全国受访市场主体代表的基本情况

分类	类别	2018 年	2019 年	2020 年	2021 年	2022 年
性别	男	50%	47%	44%	47%	44%
	女	50%	53%	56%	53%	56%
年龄	小于 30 岁	36%	36%	48%	33%	41%
	30~40 岁	44%	46%	40%	47%	45%
	40~50 岁	16%	15%	10%	16%	13%
	50 岁以上	4%	3%	2%	4%	2%

数据来源：《中国营商环境报告（2019）》《中国营商环境报告（2020）》《中国营商环境报告（2021）》《中国营商环境调查报告（2022）》。

附表 3　　　　　　　　　　全国受访市场主体的基本情况

分类	类别	2018 年	2019 年	2020 年	2021 年	2022 年
登记注册年份	2014 年以前	42%	50%	46%	35%	35%
	2014 年	6%	6%	5%	3%	4%
	2015 年	7%	6%	7%	5%	5%
	2016 年	10%	7%	7%	6%	6%
	2017 年	9%	8%	8%	9%	7%
	2018 年	19%	8%	9%	8%	8%
	2019 年		14%	8%	8%	10%
	2020 年			10%	9%	7%
	2021 年				17%	8%
	2022 年					11%

续表

分类	类别	2018 年	2019 年	2020 年	2021 年	2022 年
所有制	国有企业	6%	8%	7%	8%	9%
	民营企业	67%	64%	72%	71%	71%
	外资企业	1%	1%	2%	1%	1%
	合资企业	3%	3%	3%	2%	2%
	个体户	23%	21%	17%	18%	17%
所属行业	农林牧渔业	5%	4%	2%	4%	3%
	工业（除建筑业）	18%	19%	15%	7%	6%
	建筑业				8%	10%
	服务业（除互联网平台行业）	57%	61%	67%	55%	53%
	互联网平台行业				5%	6%
	新兴行业	21%	17%	15%	21%	22%
企业规模	少于 10 人	39%	32%	33%	33%	34%
	10~20 人	24%	23%	23%	23%	24%
	20~100 人	20%	25%	26%	26%	24%
	100~500 人	9%	10%	10%	10%	10%
	大于 500 人	6%	7%	7%	7%	8%

数据来源：《中国营商环境报告（2019）》《中国营商环境报告（2020）》《中国营商环境报告（2021）》《中国营商环境调查报告（2022）》。由于部分受访企业办事代表不确定企业基本信息，故加总不为 0。

中国省份营商环境：量化评估与横向比较[*]

● 张三保[1] 赵可心[2] 张志学[3]

（1，2 武汉大学经济与管理学院 武汉 430072；3 北京大学光华管理学院 北京 100871）

【摘 要】构建一流营商环境是"十四五"规划纲要中提升政府经济治理能力的重要路径。党的二十大报告也强调营造市场化、法治化、国际化一流营商环境。优化营商环境，激发市场主体活力是我国面临的重大需求。完善营商环境评价体系，是发挥"以评促改"作用、推动营商环境持续优化的关键。然而，现有营商环境评价指标体系存在公开内容较少、透明性有待提高、评价成本较高等局限。本研究以"十三五"规划纲要提出的"市场、政务、法治、人文"四种环境为一级指标，结合《优化营商环境条例》，基于张三保等（2020）所构建的指标体系及政策界反馈，重新构建出包含 16 个二级指标、29 项三级指标的中国省份营商环境指标体系。运用最新可获取的 2017—2020 年相关指标数据，量化评价了中国内地 31 个省份的营商环境、子环境均衡度、子环境及其 4 年间的变化情况。在此基础上，横向比较了七大地理区域和九大国家战略或倡议所涉及区域之间的营商环境差异。评价结果为我国各省份持续优化市场化法治化国际化营商环境明确了对标对象，也为联结宏观与微观领域的研究提供了数据支持。

【关键词】营商环境 指标体系 省份 区域 评估

中图分类号：F272.3 文献标识码：A

1. 引言

早在 2016 年 3 月，国家"十三五"规划纲要即提出"营造公平竞争的市场环境、高效廉洁的政务环境、公正透明的法律政策环境和开放包容的人文环境"。2018 年 11 月，国务院常务会议确定按照"国际可比、对标世行、中国特色"原则开展中国营商环境评价。2019 年 10 月，国务院公布了

---

* 基金项目：国家自然科学基金面上项目"中国营商环境、总经理自主权与企业技术创新：制度基础观与高层梯队理论整合视角下的多层次研究"（项目批准号：72072137）。

通讯作者：张志学，E-mail：zxzhang@gsm.pku.edu.cn。

我国首部营商环境领域的行政法规《优化营商环境条例》，首次从国家政策层面界定了营商环境概念——市场主体在市场经济活动中所涉及的体制机制性因素和条件。2021 年 3 月，"十四五"规划纲要进一步明确要"完善营商环境评价体系"。2022 年 10 月，党的二十大提出"营造市场化、法治化、国际化一流营商环境"。

2019 年，国家发改委开始进行营商环境试评价，后又发展为全国营商环境评价，并陆续发布了我国营商环境评价领域的两部国家报告——《中国营商环境报告 2020》《中国营商环境报告 2021》。该评价体系主要借鉴 2020 年之前的世界银行营商环境评价体系（包含 12 个一级指标、50 个二级指标），构成包含 18 个一级指标、87 个二级指标的评价指标体系。两部报告为我国各地营商环境优化提供了经验借鉴，但关于该评价体系与数据的公开内容较少且评价成本较高[1]。

除此之外，一些学术或咨询机构等也开展了营商环境评价。张三保等（2020）对主流中国营商环境评价体系的梳理表明，既有评价体系主要聚焦在城市层次（李志军等，2021）或企业层次，较为缺乏对全域省份的直接评价[2]。诸多研究已表明，中国省份之间的市场分割尤为显著（陈朴等，2021；刘志彪和孔令池，2021；Zhong et al.，2019；Chan et al.，2010）。因而，省份层次营商环境的评价指标体系理应与城市层次有所差别，且省份营商环境不应是城市层次评价结果的简单加总。有鉴于此，张三保等（2020）以"十三五"规划纲要提出的"市场、政务、法律政策、人文"四种环境为一级指标，构建出中国省份营商环境评价指标体系并进行量化分析和比较，在理论界和实务界产生了一定影响。

然而，从后续反馈来看，该研究在指标体系、测量方法、数据效度等方面仍待完善。其一，指标体系上，其法律政策环境一级指标包含了法律和政策两个方面的二级指标，且政务环境也包含了政策方面的二级指标。由于各部门分工明确，如果法律和政务环境的界限不清，相关部门在落实责任、对照评价结果优化营商环境上容易造成困惑。其二，测量方法上，一些指标的测量方法不尽科学。比如，"交通服务"三级指标仅使用了滴滴在各省会城市的出行指数，难以全面准确反映省份的立体交通便利程度。其三，数据效度上，评价时点使用的部分指标数据年份不一致，且有些省份的个别指标在隔年波动较大。

为进一步完善上述薄弱环节，鉴于"十四五"规划纲要未就营商环境提出更新的建设目标，本研究以"市场、政务、法治、人文"四种环境为一级指标，并依据《优化营商环境条例》，重新调整了法治环境和政务环境下属的二级指标及其权重，更新了多数三级指标的测量方法，统一了各指标数据反映的实际年份。据此，结合新评价指标体系和最新可获取的数据，本研究逐年评估了 2017—2020 年营商环境。为避免个别指标隔年变化较大，我们计算出各省营商环境、均衡度、子环境的 4 年均值展示其变化情况，并从七大地理区域与九大发展战略区域两个角度比较上述指标。研究结论将为"完善营商环境评价体系""营造市场化、法治化、国际化一流营商环境"提供参考，并为联结宏观与微观研究领域提供数据支持。

---

[1] 2020 年，山西、湖北、山东、内蒙古、福建、广西、河南、宁夏、广东、贵州、吉林、黑龙江和安徽等省份，都投入了不菲资金开展优化营商环境第三方评估工作。

[2] 下文统一以"省"或"省份"，指代中国除港澳台地区外的内地省、自治区或直辖市。

2. 指标、数据与计算方法

2.1 指标体系与数据来源

依据"国际可比、对标世行、中国特色"的评价原则，本文以市场、政务、法治、人文等四种环境为一级指标，分别以公平竞争、高效廉洁、公正透明、开放包容为效果目标。对照一级指标及其效果目标，从两个方面确定二级指标：其一，吸纳世界银行（World Bank，2019）、经济学人智库（EIU/The Economist Intelligence Unit，2014）、市场化指数（王小鲁等，2018）、中国城市营商环境（李志军，2021）、中国城市政商关系（聂辉华等，2022）等国内外主流评价指标体系中的相关指标；其二，从《优化营商环境条例》中提炼相关指标。由此，获得 16 个二级指标。

确定二级指标后，逐条对照《优化营商环境条例》与二级指标内涵并编码（下节"指标权重与计算方法"部分有详细介绍），计算出各二级指标权重，并加总获得相应一级指标权重。

最后，基于二级指标内涵和相关数据的当前可获得性、长期可持续性及来源权威性，确定了二级指标下的 29 项三级指标。由此，构建出新的中国内地省份营商环境评价指标体系（见表 1），包括 4 个一级指标、16 个二级指标、29 项三级指标。

表 1   中国省份营商环境评价指标体系

一级指标及其权重	目标	二级指标及其权重	三级指标	测量方法	基础数据来源
市场环境 20.62%	公平竞争	融资 2.06%	融资水平	省份社会融资规模增量/GDP	中国人民银行
		创新 2.06%	高技术产业产出	高技术产业利润总额/GDP	中国科技统计年鉴
			专利数量	专利申请授权量/人口数	国家统计局
			研发投入	R&D 投入（规模以上工业企业）	
		竞争公平 8.25%	企业品牌设立	商标注册数/人口数	中国知识产权年鉴
			创业企业数量	新增企业数量	天眼查
			非公有经济比重	私营企业法人单位数/企业法人单位数	中国统计年鉴

续表

一级指标及其权重	目标	二级指标及其权重	三级指标	测量方法	基础数据来源
市场环境 20.62%	公平竞争	资源获取 3.09%	水价	非居民自来水单价	中国水网
			电力供应	各省电力消费量/人口数	国家统计局
			地价	商业营业用房平均销售价格	中国统计年鉴
			人力资本	高等在校生数量	
			网络	互联网宽带接入户数/人口数	国家统计局
			交通服务	货运量和客运量	
		市场中介 5.15%	注册会计师	注册会计师人数/企业数	中国注册会计师协会
			租赁及商业服务业	租赁及商业服务业从业人数/总人口	中国第三产业统计年鉴
政务环境 52.58%	高效廉洁	政府关怀 9.28%	政府关怀度	政府关心指数	中国城市政商关系评价报告
		政府效率 18.56%	政府支出	一般公共预算支出/GDP	EPS数据库
			电子政务水平	电子服务能力指数	中国省市政府电子服务能力指数报告
		政府廉洁 10.31%	政府廉洁度	政府廉洁指数	中国城市政商关系评价报告
		政府透明 14.43%	政府透明度	政府透明度指数	中国政府透明度指数报告
法治环境 21.65%	公正透明	司法公正 10.31%	司法质量	司法文明指数	中国司法文明指数报告
		产权保护 3.09%	专利纠纷行政裁决	专利侵权纠纷行政裁决数/专利数	国家知识产权局
		社会治安 2.06%	万人刑事案件	刑事案件/人口数	中国裁判文书网
		司法服务 2.06%	律师	律师数量/企业数	各省统计年鉴
		司法公开 4.12%	司法信息公开度	司法信息公开度指数	中国司法透明度指数报告

续表

一级指标及其权重	目标	二级指标及其权重	三级指标	测量方法	基础数据来源
人文环境 5.15%	开放包容	对外开放 1.03%	贸易依存度	海关进出口金额/GDP	中国贸易外经统计年鉴
			外资企业比	外资直接投资企业数/企业数	
			对外投资度	对外非金融投资额/GDP	中国对外直接投资统计公报
		社会信用 4.12%	企业信用	商业纠纷/企业数	中国裁判文书网

以下将在 4 个一级指标下，从设定依据、测量方法与数据来源三个方面，详细介绍各二级指标所包含的三级指标。

2.1.1 市场环境

依照《优化营商环境条例》第三章"市场环境"的具体内容，总结出融资、创新、竞争公平、资源获取和市场中介 5 个二级指标。

融资指标依然借鉴 EIU（2014）的营商环境评价体系，关注区域金融机构为企业经营提供资金的情况，计算方法为地区社会融资规模增量与 GDP 的比例。其中，地区社会融资规模增量为当年该区域内实体经济从金融体系中获得的资金总额，数据来源于中国人民银行公开的统计结果。

创新指标借鉴李志军（2021）的中国城市营商环境评价体系，衡量区域研发投入与产出。研发投入为省份规模以上工业企业的研究与试验发展（R&D）经费，数据来源于国家统计局。此外，我们采用高技术产业经营状况取代创新指数来衡量区域研发产出，计算方法为高技术产业利润总额占 GDP 的比重，数据来源于《中国科技统计年鉴》。同时，本研究以每万人专利拥有量来衡量区域创新程度，数据来源于国家统计局。

竞争公平中，考虑到数据的长期可持续性，非公有经济比重指标的计算方法，由张三保等（2020）使用的"私营企业就业人数和人口数之比"更新为"私营企业法人单位数和企业法人单位数之比"，数据来自《中国统计年鉴》。使用人均商标注册数和新增企业数量来衡量竞争公平，数据分别来自《中国知识产权年鉴》和天眼查。

资源获取指标主要衡量企业运营所需资源的获取情况。本研究依然参考世界银行营商环境评价指标体系，采用 6 种资源作为三级指标。其中，企业水价与地价分别为中国水网的非居民自来水单价和《中国统计年鉴》中的商业营业用房平均销售价格。人力资本则由地区高等教育水平来衡量，计算方法为各省本科生和研究生之和，数据也来自《中国统计年鉴》。区域交通状况由各省货运量和客运量共同衡量，网络和电力均通过人均使用量来衡量，数据均来自国家统计局。

市场中介指标使用了中国市场化指数中的会计师中介组织发育程度，以及能为企业经营提供便利服务的租赁及商业服务业企业发育程度。前者通过计算注册会计师数量占企业数的比重来反映，后者使用租赁及商业服务业从业人数和总人口之比来衡量。其中，注册会计师数量来源于中国注册会计师协会，租赁及商业服务业企业数据来源于《中国第三产业统计年鉴》。

2.1.2　政务环境

国务院多次强调深化推进"放管服"，优化政务服务，提升政府经济治理能力。本研究使用政府关怀、政府效率、政府廉洁、政府透明 4 个二级指标反映政务环境。依据"十三五"规划中营造"高效廉洁"的政务环境目标和习近平总书记 2016 年提出的构建"亲""清"新型政商关系的要求，我们以政府效率和政府廉洁来对标"高效廉洁"，以政府透明和政府关怀来对标"清""亲"新型政商关系，从而更加全面地刻画各省政务环境情况。

政府廉洁与政府关怀指标的测量采用聂辉华等《中国城市政商关系评价报告》的政府廉洁指数和政府关心指数。其中，政府廉洁指数通过食品安全许可证代办价格和百度腐败指数来反映，政府关心指数则从市领导考察和座谈两个方面衡量。

政府效率指标沿用李志军（2021）的评估方法，选取政府支出和电子政务水平两项三级指标。其中，政府支出为政府一般预算支出与地区 GDP 之比，该指标数据越小，表明该省的行政效率越高。电子政务水平反映企业获取政府服务的便利程度，数据来源于胡广伟等（2022）的《政府电子服务能力指数报告》。

政府透明指标使用政府透明度进行评估，衡量内容包括决策公开、政策解读等方面，源自中国社会科学院法学研究所法治指数创新工程项目组（2021）"中国政府透明度指数报告"的省级政府透明度指数。

2.1.3　法治环境

遵循"十三五"规划中"公正透明"的效果目标和《优化营商环境条例》第三条"各级人民政府及其部门应当坚持政务公开透明"的要求，以司法公正和司法公开作为二级指标。此外，还深度解读《优化营商环境条例》中有关法治环境的指标，提取出产权保护、社会治安、司法服务等 3 个二级指标。

司法公正指标仍然借鉴世界银行营商环境评价体系，衡量区域司法质量，数据源自张保生等《中国司法文明指数报告》中的司法文明指数。司法公开指标由司法信息公开度指数衡量，数据来自《中国司法透明度指数报告》，该数据因疫情影响 2022 年并未更新，因此采用 2019—2021 年报告的平均数。产权保护为专利侵权纠纷行政裁决数和专利数之比，数据来自国家知识产权局。社会治安由万人刑事案件衡量，数据来自中国裁判文书网。司法服务为律师数量与企业数之比，数据来自各省统计年鉴。

2.1.4　人文环境

人文环境指标选取对外开放和社会信用 2 个二级指标。其中，对外开放指标包括贸易依存度、外资企业比和对外投资度 3 个指标，计算方法依次为：进出口额占 GDP 的比例、外商直接投资企业数占企业总数的比例、对外非金融投资额占 GDP 的比例。前两者数据均来自《中国贸易外经统计年鉴》，第三个指标数据来自《中国对外直接投资统计公报》。社会信用指标聚焦地方企业信用，使用商业纠纷和企业数之比来衡量，数据来自中国裁判文书网。

2.2 指标权重与计算方法

2.2.1 指标权重的确定

我们应用文本分析法确定指标权重：依据《优化营商环境条例》内容对评价体系的二级指标进行赋权，通过考察各二级指标评价内容在《优化营商环境条例》中的体现频率确定权重。具体规则为：将上述 16 个二级指标编码为 Z_1 至 Z_{16}，《优化营商环境条例》中除总则外的 62 条条例编码为 1—62，依照编码顺序逐条分析条例，若编码 j 条例强调的优化工作属于编码 Z_i 指标的考察内容，则其对应的编码值 $Z_{i,j} = 1$，否则 $Z_{i,j} = 0$。如《优化营商环境条例》第二十三条（条例编码为 14）"政府及其有关部门应当完善政策措施、强化创新服务⋯⋯"仅反映出"创新"指标（指标编码为 Z_2），故 $Z_{2,14} = 1$，$Z_{i,14} = 0(i \neq 2)$。

依据上述规则，由七名专业研究人员对《优化营商环境条例》进行分析：若七人对编码 j_0 条例对应的编码值一致，即 Z_{i,j_0} 均相同，则确认该条例对应的编码值；若出现不一致，则七人进行讨论商榷；若还无法达成一致，则请营商环境研究专家加入讨论并确定结果。最后，由专家审定前述七人研究小组确认一致的结果。通过公式（1）（2）计算出《优化营商环境条例》中各二级指标的体现频次 V_{Z_i}、频率 W_{Z_i}：

$$V_{Z_i} = \sum_{j=1}^{62} Z_{i,j} \quad (i = 1, 2, \cdots, 16) \tag{1}$$

$$W_{Z_i} = \frac{V_{Z_i}}{\sum_{i=1}^{16} V_{Z_i}} \quad (i = 1, 2, \cdots, 16) \tag{2}$$

其中，体现频率 W_{Z_i} 为二级指标 Z_i 的权重，一级指标权重为对应二级指标权重之和。

2.2.2 各级指标的计算方法

首先，根据表 1 中的营商环境评价体系，获取各项三级指标的具体数据。对于获取的原始数据处理采用效用值法，效用值值域为 $[0，100]$。正向三级指标（即指标值越大评价就越好，逆向指标反之）效用值计算公式见公式（3），逆向三级指标效用值计算公式见公式（4）。其中，a 表示三级指标，b 表示区域，x_{ab} 表示 b 区域 a 三级指标原始数据，$x_{a\max}$ 表示 a 三级指标最大值，$x_{a\min}$ 表示 a 三级指标最小值，y_{ab} 表示 b 区域 a 三级指标效用值。

$$y_{ab} = \frac{x_{ab} - x_{a\min}}{x_{a\max} - x_{a\min}} \times 100 \tag{3}$$

$$y_{ab} = \frac{x_{a\max} - x_{ab}}{x_{a\max} - x_{a\min}} \times 100 \tag{4}$$

确定各三级指标效用值后，通过简单平均形成二级指标得分。之后，按照评价指标体系中的权重与二级指标得分，计算各省一级指标得分与营商环境总分。

运用上述方法，我们收集了各指标最新可获取的 2017—2020 年公开数据，计算出各年全国 31 个省份营商环境指标量化结果，并在此基础上计算 4 年评价结果的均值。评价结果如表 2 所示。以下逐一介绍中国省份营商环境的 4 年均值、营商环境的等级分类、各项子环境及其均衡度的排名与变化，以及不同区域的营商环境情况。

表 2 中国内地省份营商环境 2017—2020 年均值评价结果

省份	营商环境		子环境均衡度		市场环境		政务环境		法治环境		人文环境		人均 GDP 排名
	总序	总分	排序	标准差	排序	得分	排序	得分	排序	得分	排序	得分	
上海	1	67.83	5	11.44	2	56.50	3	72.00	3	60.65	5	81.80	2
北京	2	66.97	7	12.96	1	66.00	1	72.39	5	54.29	2	85.38	1
浙江	3	62.11	6	12.51	4	52.31	8	61.94	1	69.80	3	81.86	4
广东	4	61.48	17	15.91	3	53.12	4	66.31	10	51.38	1	85.83	6
四川	5	59.76	18	17.26	7	37.57	2	72.27	2	61.77	28	38.58	18
山东	6	58.34	15	15.77	6	39.75	5	64.27	9	52.68	8	76.59	10
江苏	7	55.93	13	14.86	5	48.76	13	57.18	8	52.84	4	81.84	3
重庆	8	52.67	9	13.47	9	34.03	10	61.09	11	46.58	19	62.61	8
安徽	9	52.49	16	15.79	14	31.22	9	61.17	12	45.66	17	65.98	15
河南	10	51.13	10	14.19	16	30.37	6	63.22	15	42.30	24	53.53	17
贵州	11	51.11	24	18.96	25	26.17	7	62.47	30	27.62	22	56.39	27
湖北	12	50.37	26	19.55	10	32.41	11	59.31	19	37.67	10	74.55	9
云南	13	48.66	25	19.09	23	26.28	12	58.72	16	41.28	13	69.58	25
全国	—	48.58	—	16.21	—	33.18	—	55.14	—	43.05	—	62.69	—
河北	14	48.07	29	20.70	13	31.44	15	54.33	18	38.86	6	78.28	24
吉林	15	46.99	30	25.37	18	28.44	14	55.69	7	53.60	31	1.63	28
海南	16	46.95	31	25.61	31	16.27	18	52.97	4	55.42	7	78.19	16
江西	17	46.87	20	17.84	17	28.97	20	52.37	14	43.81	12	71.71	21
福建	18	46.83	28	20.15	8	35.73	19	52.80	26	32.55	9	76.52	5
天津	19	46.38	23	18.94	12	31.67	16	53.44	21	36.70	11	73.59	7
宁夏	20	44.32	4	10.77	19	28.43	23	50.69	28	31.71	16	67.39	19
广西	21	43.25	21	18.11	22	27.96	17	53.12	13	45.60	29	37.86	29
湖南	22	43.22	12	14.66	11	31.86	22	51.44	31	22.22	25	51.54	14
内蒙古	23	43.16	2	10.09	28	24.81	26	48.34	17	40.76	27	42.73	11
山西	24	42.80	22	18.80	15	30.43	25	48.70	29	27.85	14	68.36	26

续表

省份	营商环境		子环境均衡度		市场环境		政务环境		法治环境		人文环境		人均 GDP
	总序	总分	排序	标准差	排序	得分	排序	得分	排序	得分	排序	得分	排名
新疆	25	41.98	19	17.54	26	25.94	24	48.93	6	53.65	15	68.24	20
辽宁	26	41.79	8	13.29	24	26.17	27	47.52	25	33.23	23	55.42	13
陕西	27	41.66	14	15.20	21	28.11	21	51.59	23	34.43	20	61.08	12
甘肃	28	41.44	3	10.15	29	23.56	29	44.42	27	32.07	26	44.25	31
黑龙江	29	38.40	1	9.16	20	28.41	28	46.86	24	33.78	30	26.59	30
青海	30	35.77	11	14.43	27	25.55	30	35.60	22	36.46	21	59.65	22
西藏	31	27.14	27	19.85	30	20.39	31	28.34	20	37.24	18	65.90	23

3. 评价结果与动态分析

3.1 整体得分与位次变化

从全国 31 个省份整体营商环境的逐年得分来看，2017 年为 45.01，2018 年为 46.42，2019 年为 51.62，2020 年为 51.24，4 年均值为 48.58。这表明，2017—2019 年中国整体营商环境在持续优化。2020 年受新冠肺炎疫情影响，营商环境发展受阻，得分略低于 2019 年。不过，绝大多数省份各年营商环境的得分在升高。

营商环境与人均 GDP 的关系方面，二者 4 年均值排名的皮尔逊相关系数为 0.56（$p<0.001$），表明它们之间存在中等程度的相关性。这意味着，营商环境并不简单等于经济发展水平，比如，四川的营商环境全国第五，但其人均 GDP 仅为全国第 18 位。

从中国省份营商环境 4 年均值的排名来看，如表 2 所示，上海排名第一，北京次之，排名前十的省份还依次包括：浙江、广东、四川、山东、江苏、重庆、安徽和河南。贵州、湖北和云南三省紧随其后，这 13 个省份的营商环境均值超出全国平均水平。排在全国后五位的省份为：陕西、甘肃、黑龙江、青海和西藏。

从 4 年排名的累计波动幅度来看（即相邻两年间排名之差的绝对值之和，见表 3），波动幅度较大的省份依次为：河北（34 位）、江西（26 位）、甘肃（20 位）、新疆（19 位）、海南（18 位）、广西（18 位）、天津（17 位）、内蒙古（16 位）、云南（14 位）、福建（14 位）、宁夏（13 位）、陕西（13 位）、安徽（12 位）、湖南（12 位）等。

从位次变化来看（即 2020 年与 2017 年的排名之差），相比 2017 年，2020 年有 11 个省份排名进步，16 个省份排名后退，4 个省份没有变化。其中，天津（+17）、安徽（+8）、广西（+8）、重庆

（+7）、江西（+6）、吉林（+5）、宁夏（+5）等7个省份进步明显；陕西（-11）、云南（-8）、黑龙江（-6）、河北（-6）等省份退步较大；位次不变的省份中，北京、上海一直领先，西藏、青海则持续托底。

表3　　　　　　　　　　　　　　　分年度得分、排名和演变

省份	营商环境得分					营商环境排名						
	2017	2018	2019	2020	4年平均	2017	2018	2019	2020	4年平均	位次变化	幅度变化
上海	63.83	70.99	66.81	69.7	67.83	2	1	3	1	1	1	5
北京	66.79	62.56	69.84	68.69	66.97	1	2	1	2	2	-1	3
浙江	56.25	59.86	68.87	63.49	62.11	4	3	2	5	3	-1	5
广东	57.56	55.86	64.57	67.93	61.48	3	6	5	3	4	0	6
四川	54.12	58.5	60.43	66	59.76	5	4	6	4	5	1	5
山东	51.19	53.16	65.68	63.34	58.34	6	8	4	6	6	0	8
江苏	48.81	57.46	58.25	59.21	55.93	10	5	7	7	7	3	7
重庆	46.56	51.24	54.92	57.97	52.67	15	9	10	8	8	7	9
安徽	43.94	54.77	55.75	55.51	52.49	17	7	8	9	9	8	12
河南	48.52	47.84	53.11	55.05	51.13	12	11	12	10	10	2	4
贵州	48.91	49.54	51.45	54.53	51.11	9	10	14	11	11	-2	8
湖北	48.64	47.46	53.12	52.27	50.37	11	12	11	14	12	-3	5
云南	49.19	46.39	48.15	50.89	48.66	8	13	19	16	13	-8	14
河北	49.34	46.15	44.18	52.63	48.07	7	14	27	13	14	-6	34
吉林	41.09	44	51.76	51.1	46.99	20	18	13	15	15	5	9
海南	47.75	43.71	46.18	50.16	46.95	13	19	24	17	16	-4	18
江西	37.46	45.98	55.52	48.52	46.87	25	15	9	19	17	6	26
福建	46.56	45.16	46.98	48.61	46.83	14	17	23	18	18	-4	14
天津	35.86	45.19	50.56	53.93	46.38	29	16	16	12	19	17	17
宁夏	36.89	42.66	50.29	47.42	44.32	26	20	17	21	20	5	13
广西	36.21	38.28	51.05	47.47	43.25	28	24	15	20	21	8	18
湖南	42.27	38.03	46.11	46.47	43.22	18	26	25	22	22	-4	12
内蒙古	41.88	37.4	47.54	45.83	43.16	19	27	21	23	23	-4	16
山西	40.12	39.4	47.09	44.59	42.8	22	23	22	24	24	-2	4
新疆	36.71	40.49	50.07	40.67	41.98	27	21	18	28	25	-1	19
辽宁	40.94	38.26	44.47	43.5	41.79	21	25	26	25	26	-4	6
陕西	44.09	37.05	43.4	42.1	41.66	16	28	28	27	27	-11	13

续表

省份	营商环境得分					营商环境排名						
	2017	2018	2019	2020	4 年平均	2017	2018	2019	2020	4 年平均	位次变化	幅度变化
甘肃	38.35	36.7	47.73	42.98	41.44	24	29	20	26	28	-2	20
黑龙江	39.39	36.46	42	35.74	38.4	23	30	29	29	29	-6	8
青海	34.06	39.43	34.81	34.79	35.77	30	22	30	30	30	0	8
西藏	22.19	29.16	29.66	27.54	27.14	31	31	31	31	31	0	0

3.2 营商环境等级划分

为便于各省更好衡量自身营商环境水平，本研究基于中国省份营商环境指数 4 年均值评价结果的值域，对 31 省营商环境进行了等级分类，从高到低依次划分为 A+（标杆）、A（领先）、A-（前列）、B+（中上）、B（中等）、B-（落后）、C（托底）共 7 个等级。分类结果如表 4 所示。

其中，上海、北京作为当之无愧的中国营商环境标杆省份，4 年来坚持对标国际一流水准，优化营商环境工作成果显著；紧随其后，浙江、四川、江苏、广东、山东五省处于 A 级；与地理禀赋或行政级别较为匹配，安徽、重庆、贵州、河南、湖北五省位列第三等级；西藏则处于托底水平。

表 4　　　　　　　　　　　　营商环境 4 年均值评价结果等级分类

等级	值域	省级行政区
A+	>65	上海、北京
A	55~65	浙江、四川、江苏、广东、山东
A-	50~55	安徽、重庆、贵州、河南、湖北
B+	46~50	云南、河北、江西、天津、福建、吉林、海南
B	41~46	宁夏、新疆、山西、广西、辽宁、湖南、内蒙古、陕西、甘肃
B-	35~41	青海、黑龙江
C	<35	西藏

3.3 营商环境均衡度及其变化

除整体考量外，本研究还计算出各省营商环境 4 个子环境的均衡度，即 4 种子环境的标准差：标准差越小，意味着营商环境均衡度越高。4 个子环境的 4 年均值的标准差即为中国省份营商环境均衡度的 4 年均值。

全国 31 省营商环境 4 个子环境均值的均衡度方面，2017 年为 18.42，2018 年为 14.24，2019 年为 16.32，2020 年为 17.25，4 年均值为 16.21。这表明，4 年间中国营商环境的均衡度略有波动但总体向好。

从各省营商环境子环境 4 年均值均衡度的排名来看，如图 1 所示，黑龙江、内蒙古、宁夏、上海、甘肃、浙江、北京、重庆、辽宁、江苏依次排名前十。海南、吉林、贵州、西藏和河北的均衡度排名则全国倒数前五。此外，共有 13 个省份的营商环境均衡度好于全国均值，其余 18 个省份的营商环境相对全国而言均较失衡。

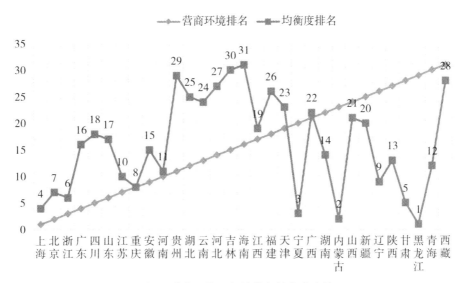

图 1　营商环境 4 年均值与均衡度比较

各省营商环境与子环境 4 年均值的均衡度排名的匹配度方面，如图 1 所示，营商环境排名前十的省份中：（1）上海、重庆、江苏、浙江、河南五省的整体营商环境和子环境均衡度排名基本一致。其中，上海是中国营商环境的标杆，浙江位列京沪之后，重庆、江苏、河南则处于中上水平，未来还需继续大力提升。（2）其余五省的子环境均衡度排名均落后于其营商环境整体排名，尤其是山东、安徽、广东、四川四省，存在严重倒挂。五省未来应在保持优势子环境稳中有进的同时，着力补齐短板，例如山东和广东的法治环境，安徽和四川的人文环境。

营商环境排名未进前十的省份中：（1）贵州、湖北、云南、河北、吉林、海南、江西、福建、天津和广西等十省的子环境均衡度排名落后于营商环境排名，营商环境的均衡度有待提升。由于这些省份的整体营商环境多数相对较好，未来的营商环境优化工作应优先聚焦短板。（2）宁夏、湖南、内蒙古、山西、新疆、辽宁、陕西、甘肃、黑龙江、青海和西藏等 11 个省份的子环境均衡度排名则优于营商环境排名。其中，除了宁夏处于中等营商环境水平以外，其他十省均处于低水平的均衡状态，未来应首先在具有比较优势的子环境上精准发力，以此提升整体营商环境水平。

对比各省营商环境子环境均衡度在 4 年间的排名变化可以发现：2017—2018 年、2018—2019 年及 2019—2020 年的排名累计波动幅度，除了上海（5 位）、四川（5 位）、浙江（5 位）、湖北（5

位）、河南（4 位）、山西（4 位）、北京（3 位）等 7 个省份的排名较稳定以外，其余 24 省的波动幅度均大于 5 位。其中，累计波幅超过 20 个位次的省份包括：河北（34 位）、江西（26 位）、甘肃（20 位）。

从位次变化来看，2017—2020 年有 11 个省份排名进步，即趋向均衡；16 个省份排名后退，即趋向失衡；4 个省份没有变化。其中，天津（+17）、安徽（+8）、广西（+8）、重庆（+7）、江西（+6）等 5 个省份进步明显；陕西（-11）、云南（-8）、河北（-6）、黑龙江（-6）等 4 个省份退步明显；位次不变的山东、广东均衡度处于全国中上等水平，同时位次不变的西藏和青海均衡度处于全国下游水平。

3.4　子环境状况及其变化

3.4.1　市场环境排名与变化分析

如图 2 所示，市场环境指数 4 年均值前五名依次为北京、上海、广东、浙江、江苏，且前两名之间得分差距较大。其中，北京得分 66，远高于第二名上海的得分（56.50）；市场环境下的 5 项二级指标中，北京的市场中介和融资两项指标均处于全国第一，创新指标（第四）、竞争公平指标（第三）也名列前茅；但由于企业生产要素尤其是地价的成本较高，资源获取（第 29）一项排名落后。全国 31 省市场环境指数均值为 33.18，仅有 9 个省份高于均值，排名倒数前五的省份依次为海南、西藏、甘肃、内蒙古、青海。

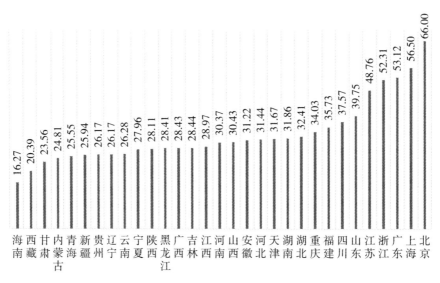

图 2　市场环境 4 年均值得分

对比各省市场环境在 4 年间的排名变化可以发现，2017—2018 年、2018—2019 年及 2019—2020 年的排名累计波动幅度，除了上海、江苏、浙江、山东、湖北、广东、海南、重庆、四川外，其余省份排名波幅均较大。

从位次变化来看，2017—2020 年有 12 个省份排名进步，12 个省份排名后退，7 个省份没有变化。其中，进步省份中，江西（+13）、陕西（+9）、天津（+8）、吉林（+7）、福建（+7）、河南（+6）及湖南（+6）等进步明显；后退省份中，西藏（-23）、青海（-14）、山西（-6）、河北（-5）及宁夏（-5）五省退步明显，未来还需加强对市场环境薄弱环节发展的关注，尽快补齐短板；位次不变的省份为北京、辽宁、安徽、重庆、浙江、山东、江苏。

3.4.2 政务环境排名与变化分析

如图 3 所示，政务环境指数 4 年均值前五名为北京、四川、上海、广东、山东，且前三名之间得分差距较小。北京（72.39）能够超越四川（72.27）位居第一，除电子政务水平（第一）和政府透明（第一）更胜一筹以外，也得益于其政府支出（第 11）比四川（第 14）排名靠前；但其政府关怀（第 13）水平亟待提升，未来需要加大对中小企业的关切，重视企业家感受，切实加快向服务型政府转型的步伐，其政府廉洁（第 25）也亟待提升，需要推动党风廉政建设。全国 31 省政务环境指数均值为 55.14，有 14 个省份高于均值，排名倒数前五的省份依次为西藏、青海、甘肃、黑龙江、辽宁。

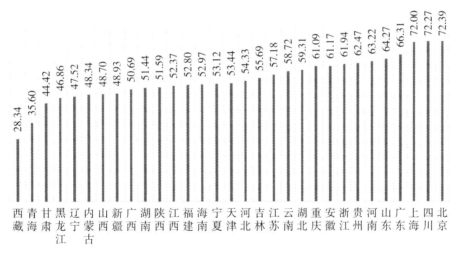

图 3　政务环境 4 年均值得分

各省政务环境的 4 年排名变化中，除上海排名较稳定以外，其余 30 省波动幅度均大于 5 位。其中，累计波幅超过 20 个位次的省份有：新疆（50 位）、贵州（47 位）、山东（32 位）、宁夏（31位）、河北（31 位）、江西（31 位）、湖南（31 位）、甘肃（28 位）、浙江（27 位）、天津（26 位）、内蒙古（24 位）、江苏（22 位）、西藏（22 位）、广西（21 位）。

从政务环境的位次变化来看，相比 2017 年，2020 年有 13 个省份排名进步，15 个省份排名后退，3 个省份没有变化。其中，江西（+31）、天津（+18）、广西（+9）、吉林（+8）、安徽（+7）、宁夏（+7）等 6 个省份进步明显；福建（-15）、陕西（-14）、黑龙江（-8）、海南（-7）、云南（-7）、内蒙古（-6）等 6 个省份退步明显；西藏、青海、新疆位次不变。

3.4.3 法治环境排名分析

如图 4 所示，法治环境指数 4 年均值前五名为浙江、四川、上海、海南、北京，且前两名得分差距较大。浙江（69.80）能够力压四川（61.77）位居第一，主要得益于其在法治环境中权重最大的司法公正（第一）方面成果显著。此外，浙江在产权保护（第二）和司法公开（第二）两个方面也有出色作为。但是，社会治安（第 27）和司法服务（第 26）是浙江法治环境的短板指标，未来急需补足短板以保障法治环境的优势地位。全国 31 个省份法治环境指数均值为 43.05，有 14 个省份高于均值，排名倒数前五的省份依次为湖南、贵州、山西、广西、甘肃。

各省法治环境的 4 年排名变化中，除了上海（3 位）的排名较稳定以外，其余 30 省的累计波动幅度均大于 5 位。波幅超过 20 位的省份有：海南（42 位）、内蒙古（33 位）、甘肃（30 位）、云南（28 位）、湖北（26 位）、西藏（25 位）、河北（23 位）、新疆（22 位）、福建（21 位）、河南（21 位）。

法治环境的位次变化方面，相比 2017 年，2020 年有 17 个省份排名进步，13 个省份排名后退，仅江苏没有变化。其中，广东（+12）、西藏（+9）、重庆（+9）、江西（+9）、天津（+5）、河南（+5）、四川（+5）、福建（+5）等 8 个省份进步明显；陕西（-12）、河北（-11）、辽宁（-11）、新疆（-8）、宁夏（-7）、湖南（-7）、黑龙江（-7）、甘肃（-6）等 8 个省份退步明显。

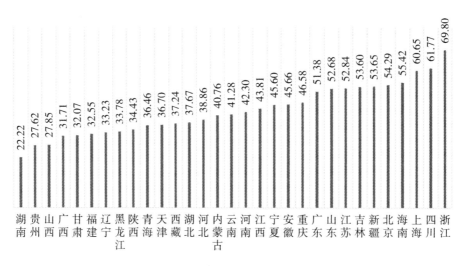

图 4　法治环境 4 年均值得分

3.4.4 人文环境排名分析

如图 5 所示，人文环境指数 4 年均值前五名为广东、北京、浙江、江苏、上海，且 5 个省份得分差距较小。沿海省份更容易实施对外开放，其人文环境得分普遍较高。广东能够超越北京成为人文环境得分（85.83）最高的省份，主要原因在于其在对外开放（第二）方面比北京（第三）更胜一筹。由于社会信用评价体系建设不足，北京和上海排名靠后；江苏和浙江虽为沿海省份，但是对外开放程度相对低，未能发挥长江三角洲区域的优势。全国 31 省人文环境指数均值为 62.69，有 18 个省份高于均值，排名倒数前五的省份依次为吉林、黑龙江、宁夏、四川、内蒙古。

各省人文环境的 4 年排名变化中，排名累计波动幅度大于等于 5 位的 17 省为：山西（35 位）、西藏（21 位）、河北（18 位）、新疆（17 位）、贵州（13 位）、湖南（12 位）、上海（8 位）、青海（8 位）、内蒙古（7 位）、湖北（7 位）、广西（7 位）、云南（7 位）、福建（7 位）、宁夏（6 位）、辽宁（6 位）、江西（6 位）、安徽（5 位），其余 14 省的排名较稳定。

人文环境的位次变化方面，相比 2017 年，2020 年有 14 个省份排名进步，14 个省份排名后退，3 个省份没有变化。其中，海南（+10）、西藏（+9）、内蒙古（+7）、福建（+7）、宁夏（+6）等 5 个省份进步明显；贵州（-13）、青海（-8）、上海（-6）、辽宁（-6）等 4 个省份退步明显；位次不变的省份为吉林、江西、湖南。

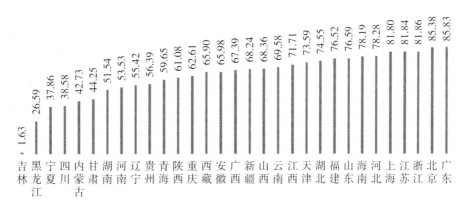

图 5　人文环境 4 年均值得分

3.5　不同地理与战略区域比较

3.5.1　七大地理区域比较

从图 6 的整体营商环境 4 年均值来看，华东、华南①、华北和华中 4 个区域高于全国均值，西南、东北和西北则依次低于全国均值。4 年之间，首末两年七大区域的营商环境排名仅华中和西南有 1 个位次的改变；排名波幅方面，波幅改变由大到小依次是西南（7 位）、华南（4 位）和华中（3 位），其余累计波幅均为零。

从表 4 的区域营商环境均衡度来看，西北、华东、东北、华中和华北五大区域相对全国更为均衡。七大区域营商环境均衡度的排位由高到低依次为：西北、华东、东北、华中、华北、西南和华

---

①　限于统计数据的可比性，本研究未将位于华东地区的台湾及位于华南地区的香港和澳门列入比较。

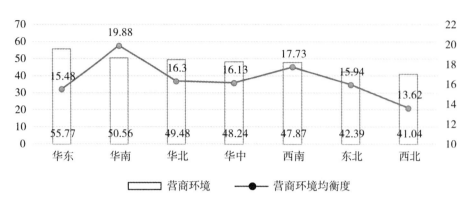

图 6 中国七大地理区域 4 年营商环境均值及均衡度

南。4 年之间，华北（+2）、华东（+1）位次进步，西南（-2）、东北（-1）排位退步；西北（8位）、华北（8 位）、华中（6 位）和东北（5 位）等 4 个区域波动较大。

表 4 中国七大地理区域营商环境 4 年均值比较

区域	营商环境		均衡度		市场环境		政务环境		法治环境		人文环境	
	排名	得分	排名	得分	排名	得分	排名	得分	排名	得分	排名	得分
华东	1	55.77	2	15.48	1	41.89	1	60.25	1	51.14	2	76.62
华南	2	50.56	7	19.88	3	32.61	3	56.66	2	46.17	1	77.13
华北	3	49.48	5	16.30	2	36.87	5	55.44	6	39.69	3	69.67
华中	4	48.24	4	16.13	4	31.54	2	57.99	7	34.06	4	59.88
全国	—	47.91	—	16.44	—	32.24	—	54.81	—	42.09	—	60.57
西南	5	47.87	6	17.73	5	28.89	4	56.58	3	42.90	5	58.61
东北	6	42.39	3	15.94	6	27.68	6	50.02	5	40.20	7	27.88
西北	7	41.04	1	13.62	7	26.22	7	46.73	4	40.44	6	54.22

子环境 4 年均值方面，以下区域高于全国均值：华东、华北和华南的市场环境；华东、华中、西南和华南的政务环境；华东、华南和西南的法治环境；华南、华东和华北的人文环境。

子环境排名的 4 年变化方面：（1）市场环境方面，华中进 1 位，西南退 1 位，西南波幅较大为 5位。（2）政务环境方面，华南进 1 位，西南退 1 位；华北（8 位）、华中（8 位）、西北（6 位）、西南（5 位）和华南（5 位）等 5 个区域排名波幅较大。（3）法治环境方面，西南（+3）进步明显，东北（-3）退步较大；西南（5 位）和东北（5 位）波幅较大。（4）人文环境方面，各区域位次变化均为 0，华东、华南、华中和西南有一定波动幅度为 2 位。

3.5.2　九大发展战略区域比较①

如图 7 所示，长三角、海上丝绸之路（以下简称海丝）、东部崛起（以下简称东部）、长江经济带（以下简称长江带）和京津冀等 5 个区域的营商环境 4 年均值高于全国均值；中部崛起（以下简称中部）、黄河流域（以下简称黄河带）、西部大开发（以下简称西部）、东北振兴（以下简称东北）和丝绸之路（以下简称丝路）等区域低于全国均值。从 4 年变化来看，东部（+2）、西部（+1）和东北（+1）位次进步，长三角、海丝和长江带并无变化，京津冀（-2）、丝路（-2）排位退步；九大发展战略区域的波动均较小。

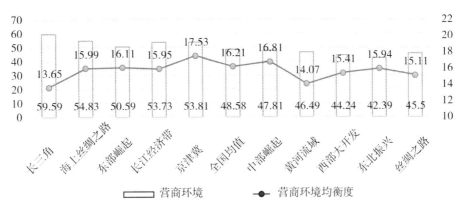

图 7　中国九大发展战略区域营商环境 4 年均值及均衡度

从表 5 均衡度 4 年均值来看，长三角、黄河带、丝路、西部、东北、长江带、海丝、东部的均衡度依次高于全国均值。其中，长三角、长江带、海丝、东部为相对高水平的均衡，其余 4 个区域则为低水平的均衡。其他低于全国均衡度的 2 个区域中，中部处于相对低水平的失衡。均衡度排名的 4 年变化方面，长三角（+6）、黄河带（+6）、丝路（+6）、东北（+5）和西部（+2）5 个区域排名进步，其余 5 个区域排名退步；各区域存在不同幅度的波动，波幅较大的为京津冀（9 位）和中部（8 位），波幅最小的是海丝（0 位）。

表 5　　　　　　　　　　　　　中国九大发展战略区域营商环境 4 年均值比较

区域	营商环境		均衡度		市场环境		政务环境		法治环境		人文环境	
	排名	得分	排名	得分	排名	得分	排名	得分	排名	得分	排名	得分
长三角	1	59.59	1	13.65	1	47.20	1	63.07	1	57.24	3	77.87
海丝	2	54.83	7	15.99	2	43.79	5	59.19	3	47.95	2	78.40

① "一带一路"倡议分为"一带"和"一路"两大区域进行统计，即表格中的"海上丝绸之路"（海丝）和"丝绸之路经济带"（丝路）。

续表

区域	营商环境		均衡度		市场环境		政务环境		法治环境		人文环境	
	排名	得分	排名	得分	排名	得分	排名	得分	排名	得分	排名	得分
东部	5	50.59	8	16.11	4	41.59	3	60.18	2	49.56	4	76.64
长江带	4	53.73	6	15.95	5	36.92	2	60.90	4	46.35	5	66.95
京津冀	3	53.81	10	17.53	3	43.04	4	60.05	5	43.28	1	79.08
全国	—	48.58	—	16.21	—	33.18	—	55.14	—	43.05	—	62.69
中部	6	47.81	9	16.81	6	30.87	6	56.03	10	36.58	6	64.28
黄河带	7	46.49	2	14.07	7	29.79	7	53.50	7	41.55	9	53.63
西部	9	44.24	4	15.41	10	27.40	9	51.30	8	40.76	8	56.19
东北	10	42.39	5	15.94	9	27.68	10	50.02	9	40.20	10	27.88
丝路	8	45.50	3	15.11	8	28.60	8	52.94	6	42.62	7	56.58

从表 5 子环境 4 年均值来看，整体营商环境排名前五的地区，4 个子环境均高于全国均值；整体营商环境排名前六的地区，政务环境、人文环境均高于全国均值。子环境排名的 4 年变化方面：（1）市场环境方面，西部（+2）、东部（+1）和长江带（+1）进步，京津冀（-2）和丝路（-2）退步。（2）政务环境方面，海丝（+3）、西部（+1）和东北（+1）进步，长江带（-2）、丝路（-2）和京津冀（-1）退步；长三角（4 位）、海丝（5 位）、长江带（4 位）和京津冀（3 位）波幅较大。（3）法治环境方面，东北（+3）和海丝(+1)进步，丝路（-3）和东部（-1）退步；其中，东北（8 位）和京津冀（3 位）排名波幅较大。（4）人文环境方面，东部（+2）、海丝（+1）、黄河带（+1）和西部（+1）进步，京津冀（-2）、丝路（-2）和长三角（-1）退步；其中，排名波幅方面，京津冀（5 位）和东北（5 位）波幅相对较大。

4. 研究不足与展望

尽管本研究克服了主流营商环境评价指标体系的诸多不足，但未来仍有值得持续完善之处。

第一，数据时效上，尽管我们在评价中使用了当下可以获得的最新数据，但这些数据具有滞后性，使得我们的评价实质是一种后评价，而不是现状的实时反映。尽管不同省份数据在 1 年内出现巨变的可能性较小，后评价结果尤其是 4 年均值结果，不大可能影响各地营商环境在全国的实际位置，后续研究仍有待在条件成熟时运用大数据及人工智能等技术监测营商环境的实时情况。

第二，指标测量上，本研究各三级指标的测量主要使用了国家统计局等权威机构的公开指标，以及其他团队公开发布的研究报告。尽管这些公开数据或报告具有很好的可持续性，后续研究仍需借鉴相关方法，自主开发相关指标数据。

◎ 参考文献

[1] 陈朴，林垚，刘凯. 全国统一大市场建设、资源配置效率与中国经济增长［J］. 经济研究，2021（6）.

[2] 胡广伟，刘建霞，吴新丽等. 政府电子服务能力指数报告（2022）［M］. 北京：中国社会科学出版社，2022.

[3] 李志军，张世国，牛志伟. 2020中国城市营商环境评价［M］. 北京：中国发展出版社，2021.

[4] 刘志彪，孔令池. 从分割走向整合：推进国内统一大市场建设的阻力与对策［J］. 中国工业经济，2021（8）.

[5] 聂辉华，韩冬临，马亮等. 中国城市政商关系评价报告（2021）［R］. 北京：中国人民大学国家发展与战略研究院，2022.

[6] 王小鲁，樊纲，余静文. 中国分省份市场化指数报告（2018）［M］. 北京：社会科学文献出版社，2018.

[7] 张保生，张中，吴洪淇等. 中国司法文明指数报告（2017）［M］. 北京：中国政法大学出版社，2018.

[8] 张保生，张中，吴洪淇等. 中国司法文明指数报告（2018）［M］. 北京：中国政法大学出版社，2019.

[9] 张保生，张中，吴洪淇等. 中国司法文明指数报告（2019）［M］. 北京：中国政法大学出版社，2020.

[10] 张三保，康璧成，张志学. 中国省份营商环境评价：指标体系与量化分析［J］. 经济管理，2020（4）.

[11] 张三保，张志学. 区域制度差异、CEO管理自主权与企业风险承担［J］. 管理世界，2012（4）.

[12] 张三保，赵可心，张志学. 中国内地省份营商环境现状评价与分析［J］. 行政改革内参，2022（1）.

[13] 中国社会科学院法学研究所法治指数创新工程项目组. 中国法治发展报告 No. 18（2021）［M］. 北京：社会科学文献出版社，2021.

[14] Chan, C., Isobe, T., Makino, S. Whichcountry matters? Institutional development and foreign affiliate performance［J］. Strategic Management Journal, 2008（11）.

[15] The Economist Intelligence Unit. Business environment ranking and index 2014［R］. London：The Economist Intelligence Unit, 2014.

[16] World Bank Group. Business environment 2020［R］. Washington：The World Bank, 2019.

[17] Zhong, W., Lin, Y., Gao, D., Yang, H. Does politician turnover affect foreign subsidiary performance? Evidence in China［J］. Journal of International Business Studies, 2019（7）.

Business Environment in Chinese Provinces:
Quantitative Evaluation and Horizontal Comparison

Zhang Sanbao[1] Zhao Kexin[2] Zhang Zhixue[3]

(1, 2 Economics and Management School, Wuhan University, Wuhan, 430072;

3 Guanghua School of Management, Peking University, Beijing, 100871)

Abstract: Building a first-class business environment is an important way to improve the government's economic governance capacity in the Outline of the 14th Five-Year Plan. Improving the evaluation system of business environment is the key to play the role of "promoting reform through evaluation" and promote the continuous optimization of business environment. The existing evaluation system of business environment has the limitations of less disclosure and transparency and higher cost. As such, we take the four kinds of environment as the first-level indicators including "market, government, legal, and humanities" which proposed in the Outline of the 13th Five-Year Plan, integrate the Regulations on Improving Business Environment, the Outline of the 14th Five-Year Plan, and base on Zhang et al. (2020)'s work and the feedback from public policy agencies to reconstruct the second-level indicators and their weights, and thus construct the evaluation system of business environment for 31 provinces in Mainland China which comprise 16 second-level indicators and 29 third-level indicators. Using the updated available data from 2017 to 2020, we further quantitatively evaluate the score of business environment, sub-environment balance degree, each sub-environment, and their variances in the four years. On above basis, we make horizontal comparison of the differences in business environment among the regions by seven geographies and nine national strategies or initiatives respectively. The evaluation results are expected to provide reference for provinces in China to optimize the market-oriented, law-based and internationalized business environment, and provide data support for academic research on bridging the macro and micro domain.

Key words: Business environment; Indicator system; Province; Region; Evaluation

珞珈管理评论

2023 年卷第 1 辑（总第 46 辑）

Luojia Management Review

No. 1, 2023 (Sum. 46)

非控股大股东参与公司治理：求变还是保守？*
——基于战略调整的视角

● 余怒涛[1]　王　涵[2]　张华玉[3,4]

（1, 2, 3　云南财经大学会计学院　昆明　650221；4　厦门大学管理学院　厦门　361005）

【摘　要】非控股大股东在公司治理中的作用越发凸显，但鲜有研究探索非控股大股东参与公司治理后是否会触发企业战略调整。以 2007—2019 年沪深 A 股非金融类上市公司为样本，探讨了非控股大股东参与公司治理对企业战略调整的影响。研究发现，非控股大股东参与公司治理对企业战略调整产生显著的正向影响，体现出积极求变的态度；其中非国有大股东、本土大股东对企业战略调整的提升起着更明显的作用，表现出参与治理的主体异质性。机制检验发现，非控股大股东参与治理后对于企业战略调整的促进作用是通过发挥监督效应实现的。进一步研究发现，在没有设立战略委员会、企业所在地法治水平高的企业中，非控股大股东参与公司治理对企业战略调整的正向影响更为明显。研究结论为企业优化公司治理机制、制定企业战略决策提供了经验证据。

【关键词】非控股大股东　战略调整　异质性　公司治理

中图分类号：C93；F270　　　　文献标识码：A

1. 引言

企业战略是企业在分析内外部环境与资源基础上确立的长远发展目标，决定着企业未来发展方向，预示着企业未来资源的投向和力度（李志斌和黄馨怡，2021），对企业形成核心竞争力具有纲领性的意义（何萱和张敏，2019），其重要性不言而喻。然而，市场环境瞬息万变，企业能否在激烈的市场竞争中生存和发展，主要取决于它们能否适应竞争环境的变化（Kieran et al.，2020），以及能否根据环境的变化适时地对企业的战略做出调整。企业的战略调整作为应对外部环境的动态性与不确定性的一种重要手段（连燕玲等，2014），有助于企业构筑且持续强化竞争优势（张艺琼等，2019），

---

* 基金项目：国家自然科学基金项目"供应链客户关系与上市公司大股东行为研究——基于股权质押视角"（项目批准号：72262034）；国家自然科学基金项目"大股东异质性、退出威胁与企业创新"（项目批准号：71862037）；云南省教育厅科学研究基金项目"非控股大股东与企业战略调整"（项目批准号：2022Y486）。

通讯作者：张华玉，E-mail：zhy_112358@126.com。

并决定着企业在未来市场上的生存和发展（陈传明，2002）。因此，如何推动企业进行战略调整成为理论界和实务界都关注的议题。现有研究表明，企业战略调整的动因主要来自管理层（Back et al.，2020；李卫宁和李莉，2015）和企业外部环境（何萱和张敏，2019）。

在我国资本市场上，随着股权分置改革的完成和融资融券制度的实施，"一股独大"的状况逐渐得到缓解，非控股大股东在上市公司中普遍存在，并逐步成为市场中不可忽视的一股力量。2018 年，中国证监会对《上市公司治理准则》进行了修订，在制度层面上鼓励机构投资者参与公司治理，由此，非控股大股东在公司治理中的地位更加凸显。根据近年来的研究，非控股大股东在降低企业代理成本（陈克兢，2019）、抑制企业的过度杠杆行为（Boateng and Huang，2016）等方面发挥着重要的作用，对企业各方面的决策都产生了重要的影响，是一项重要而有效的内部治理机制，但鲜有研究探讨非控股大股东对企业战略调整的影响。

基于以上分析，本文将从非控股大股东参与公司治理的视角出发，探究其对企业的战略调整的态度，究竟是主动求变还是倾向于保守。研究发现：非控股大股东倾向于促进企业的战略调整，体现出积极求变的态度，并且该效应会受到非控股大股东异质性的影响，表现为当非控股大股东为非国有大股东、本土大股东时，这种促进作用才明显；机制分析发现，非控股大股东是通过实施监督效应来影响企业战略调整的；进一步研究发现，非控股大股东对企业战略调整的治理效应会受到企业战略委员会设立、地方法治水平的影响，表现为当企业未设立战略委员会、所在地区法治水平更高时，非控股大股东对于企业战略调整的促进作用更加明显。

本文可能的贡献主要有：

（1）从非控股大股东的视角拓展了企业战略调整影响因素的研究。现有文献多集中于从管理层和企业外部环境的视角讨论企业战略调整的影响因素，但随着非控股大股东的规模越来越大，其在企业中的治理效应也越来越受到理论界和实务界的关注，为此，本文通过考察非控股大股东对企业战略调整的影响，丰富了企业战略调整影响因素的相关文献。

（2）对非控股大股东的治理效应的有关文献做了有益补充。关于非控股大股东在企业战略调整方面是否具有促进作用的研究目前来说还是较为缺失，本文通过考察非控股大股东及其异质性对企业战略调整的作用机制，丰富了关于非控股大股东经济后果、非控股大股东异质性作用机理的相关研究。

（3）促进上市公司更好地认识非控股大股东与企业战略调整的关系，能为企业完善战略决策机制提供理论依据，也能为上市公司有效结合内外治理机制、提升企业的治理效率、促进治理效用最大化提供一定的经验证据。

2. 文献回顾与研究假设

2.1　文献回顾

2.1.1　非控股大股东的治理机制

不同于中小投资者，拥有大量股权的投资者拥有的决策权、股价升高时的财富分配权以及股权的可转让性使得其参与治理的收益要远高于治理成本（Hope et al.，2017）。因此，他们有很强的动机对公司资产进行监控，以监督控股股东和经理人的行为，从而追求公司的利益最大化（Admati and Pfleiderer，1994）。非控股大股东在较强的治理动机下，参与治理的方式主要有两种：一种是"用手投票"，是指非控股大股东通过提交议案（Gillan and Stark，2000）、投票更换管理层（Helwege et al.，2012）、委派董事会席位（祝继高等，2015）等方式，积极地对企业的各项决策实施干预和监督。另一种是"退出威胁"，非控股大股东可以借助退出信号的传递作用（李蒙等，2021），通过威胁控股股东和管理层"卖出持有的股票并导致公司股价下跌"（Palmite，2001），来对控股股东及管理层的行为进行约束。非控股大股东的"退出威胁"作为公司治理的一个前沿领域（李蒙等，2021），越来越受到学者们的关注。现有研究表明，非控股大股东的"退出威胁"可以抑制控股股东的私利行为（Hope et al.，2017）、减少控股股东的不分红行为（胡建雄和殷钱茜，2019），在降低两类代理成本（陈克兢，2019）、改善财务报告质量（Dou et al.，2018）等方面发挥着重要作用，不仅提升了企业价值，也获得了超额收益（Bharath et al.，2013）。

2.1.2　企业战略调整的影响因素研究

在现阶段，大多数研究通常从两个方面探讨影响企业战略调整的因素，一是从企业内部出发，研究企业管理层对企业战略调整的作用机制；二是从企业外部环境的视角，研究外部环境如何影响企业的战略调整。

（1）管理层对企业战略调整的影响。大多数的学者从 CEO 的角度来研究管理层如何影响战略调整，比如 Nakauch 和 Wiersema（2015）将 CEO 继任分为常规继任和非常规继任，发现 CEO 的非常规继任能促进企业的战略调整，CEO 常规继任则不影响企业战略调整；韵江等（2021）基于行为金融学的相关理论，探究了 CEO 过度自信对战略变革的影响和作用机制。有部分学者将研究对象扩展到高层管理团队（TMT），例如 Richard 等（2019）实证检验了 TMT 的性别、年龄、教育水平等特性对战略调整的影响，李卫宁和李莉（2015）则是以我国沪深两市的企业为研究样本，发现 TMT 任期异质性对战略变动产生了显著的负向影响。由于高层管理人员在企业战略的制定中起着主导作用，也有少部分学者从高管激励的角度，研究管理层如何影响战略调整，比如罗坤和余敏（2021）以 2007—2016 年中国沪深两市 A 股上市公司为样本，研究发现薪酬参照落差越大，CEO 越有可能实施更多的战略调整；连燕玲等（2014）的实证分析结果则表明，如果业绩期望落差扩大，那么组织为解决困境和规避利益损失，进行战略调整的幅度也就变大。另一部分学者则是基于董事会的角度，实证检验了董事会社会资本（Haynes and Hillman，2010）、董事会行业专长（Oehmichen et al.，2017）、董事会人员结构和决策流程（Golden and Zajac，2001）、董事会领导权分离模式（周建和许为宾，2015）、董事长军旅背景（董静和邓浩然，2021）等因素对企业战略调整产生的影响。

（2）外部环境对企业战略调整的影响。傅皓天等（2018）通过研究发现外部环境不确定性是企业战略调整的重要动因，万赫等（2021）则从经济政策变化的视角出发，研究发现经济政策的不确定性诱发了企业的战略变化。有学者将研究的落脚点放在具体的经济政策上，例如 Yan 等（2015）探索了货币政策对企业战略变化的影响机理，发现宽松的货币政策比紧缩的货币政策更加能够促进企业的战略调整。除了环境的变化和政策的动因，市场监管中媒体的作用也受到学者们的关注，比如何萱和张敏 （2019） 通过实证分析发现当企业面对负面媒体报道的压力时，更加倾向于调整战略。

2.1.3　研究评述

通过对非控股大股东和企业战略调整的相关研究进行回顾后发现，非控股大股东普遍存在于上市公司中，并通过 "用手投票" "退出威胁" 两种手段积极参与公司治理，在公司治理中起着不可替代的关键性作用。另一方面，针对企业战略调整影响因素的研究也硕果累累，学者们分别从管理层和企业外部环境的角度出发，探讨并分析了 CEO、董事会、环境不确定性、政策实施等因素对企业战略调整的影响，但是基于非控股大股东与企业战略调整关系的研究目前还是较为缺失。作为公司治理中的重要主体，非控股大股东对战略调整持有何种态度，能否实施积极有效的治理措施进而促进企业的战略调整，并通过何种方式影响企业战略调整，非控股大股东的异质性是否又会在此过程中产生影响，这些问题都有待检验。

2.2　研究假设

在战略制定过程中，非控股大股东可能持有两种态度：一是保守态度，倾向于维持企业原本的战略；二是求变态度，倾向于主动做出变革，两种态度可能会导致企业战略调整发生不同的变化。

2.2.1　非控股大股东倾向于进行战略调整

非控股大股东有意愿去促进企业的战略调整。一方面，非控股大股东在企业中持有较多股份，其持股的最终目的是在企业价值提升后通过售卖股权的方式获取超额收益 （陈克兢，2021），企业的价值越高，作为企业剩余收益的重要分享者的非控股大股东的既得经济利益就越高，因而他们有动机参与企业的价值增值活动 （Faure and Gromb，2004）。企业的战略调整能显著地提高企业的绩效 （Zajac and Kraatz，1993），从而提升企业价值，因而当非控股大股东洞察到经济环境已经发生变化，但企业又存在战略惯性问题时，出于自身利益的考虑，非控股大股东可能会采取行动推动企业的战略调整。另一方面，非控股大股东作为企业的一部分出资人，将企业的资产委托给管理层进行管理，但根据委托代理理论，当管理者并不对企业的全部现金流都拥有所有权时，管理者并不会全力去为股东创造价值 （Jensen and Meckling，1976），即存在着事后信息不对称导致的道德风险行为。由于信息不对称，所有者难以准确了解管理者的行为，管理者知道所有者难以准确了解自己的行为，即使自己采取了偷懒的策略，所有者也可能不会发现而仍然付给自己报酬，从而诱致管理者采取偷懒的机会主义策略 （耿同劲，2004），并没有很强的意愿主动对企业战略做出调整 （Hannan and Freeman，1984），加之以往的成功经验也会导致管理者的盲目自满 （丁一等，2020），出于对自己决策能力及其应用的过于自信，管理者不愿意对过去决策做出改变，或者没有认识到这种改变的必要性，这些情况都会使企业错失必要的战略调整 （陈传明，2002）。为了抑制管理层的偷懒行为，促进管理层为实现企业的长期价值而更加努力，非控股大股东有动机对管理层的战略决策进行监督，使其根据经济环境的变化主动对企业战略做出调整，从而保持企业的核心竞争力。

作为公司最重要的利益相关者之一，非控股大股东有能力推动企业战略调整。根据利益相关者理论，投资者是企业最为重要的直接利益相关者，公司的作为或不作为是根据股东的需求驱动的，企业决策需要考虑那些可能影响公司目标实现的股东的目标（Freeman，1999），利益相关方也会通过对组织施加压力，从而影响组织的行为与决策（赵天骄等，2018）。非控股大股东这一群体在我国上市公司中普遍存在，持有一定数量股份的非控股大股东既可以在董事会中派出董事、申请召开股东大会，还能引发资本市场的"羊群效应"（Banerjee，1992），这些都会导致管理层无法忽视非控股大股东的影响力，在相关的决策当中会考虑非控股大股东的利益诉求。因此，当非控股大股东具有调整企业战略的动机时，即使不愿意主动调整企业的战略，管理层也可能出于对非控股大股东具有的权力和影响力的考量，在战略决策过程中妥协于非控股大股东的这一要求。此外，非控股大股东通常能够获悉更多公司层面的信息，更了解控股股东和公司的情况（李蒙等，2021），这些信息的掌握也增添了非控股大股东与管理层进行谈判沟通的筹码，有利于非控股大股东说服管理层进行战略调整。

2.2.2　非控股大股东倾向于维持原有战略

在企业战略调整当中，组织中的成员是否接受战略变化的一个重要因素是该变化对成员来说是否有利（Oreg and Vakola，2011），如果非控股大股东认为企业的战略调整有可能损害自己的权益，或是无法带来较高的回报，则会不赞同调整企业的战略。

第一，根据前景理论，理性的投资者在投资的过程中表现出明显的风险厌恶，由于投资失败的痛苦大于同等收益带来的快乐，所以大部分投资者倾向于做出较为保守的投资选择（Kahneman and Tversky，1979）。从战略调整本身来说，它有着不确定性高、风险大的特点，例如制度变革等变化会对企业的生存产生风险冲击（罗昆和余敏，2021），而非控股大股东作为理性的经济人，对于战略调整带来的负面影响可能会持有厌恶的态度。

第二，企业的战略调整若要实施，会产生一定的成本，这些调整成本在战略调整的收益尚未实现时会随着变革幅度的增大而不断增加（杨艳等，2015），一方面，调整成本的产生会使企业的利润降低，导致股东分配到的收益减少；另一方面，战略调整是一个长期的过程，从制定到实施，可能会经历一段漫长的时间，战略调整所带来的积极影响可能要经过较长的时间才能显现，而一些非控股大股东可能并不在意企业长期价值，反而更在意企业的短期行为（唐跃军等，2010），因此可能会对战略调整这种长期才能产生收益的决策持拒绝的态度。

基于以上两个方面的分析，本文提出如下备择假设：

H1a：非控股大股东倾向于进行战略调整；

H1b：非控股大股东倾向于维持原有战略。

3. 研究设计

3.1 样本选择与数据来源

本文选取了 2007—2019 年沪深 A 股非金融类上市公司为研究对象，剔除了 ST* 企业、ST 企业以及数据不全的样本，最终得到 15292 个样本观测值。经济政策不确定性的数据来源于黄昀与陆尚勤编制的月度中国经济政策不确定性指数；市场中介组织的发育和法律制度环境指数来源于《中国分省份市场化指数报告》（2021 年版）；DIB 内部控制指数来源于 DIB 数据库；其余数据均来自 CSMAR 数据库。为消除极端值的影响，本文对所有变量进行了上下 1% 的缩尾处理；实证分析所用软件为 Stata15.1。

3.2 变量选择与模型设计

为验证假设，本文建立如下多元回归模型：

$$
\begin{aligned}
sc_{i,t} = &\alpha_0 + \alpha_1 blockholder_{i,t} + \alpha_2 first_{i,t} + \alpha_3 soe_{i,t} + \alpha_4 lev_{i,t} + \alpha_5 size_{i,t} + \alpha_6 ceo\_ratio_{i,t} \\
&+ \alpha_7 roa_{i,t} + \alpha_8 dual_{i,t} + \alpha_9 time_{i,t} + \alpha_{10} uncertainty_{i,t} + \sum year + \sum ind + \varepsilon_{i,t}
\end{aligned}
\tag{1}
$$

模型（1）中各变量的解释如下：

3.2.1 被解释变量

被解释变量企业战略调整 sc，计算过程如下：

借鉴 Geletkanycz 等（1997）的研究，利用如下方法构建企业战略调整的指标：首先，通过 6 个维度来分析企业战略调整，分别是广告投入（销售费用/营业收入）、研发投入（无形资产净值/营业收入）、资本密集度（固定资产/员工人数）、固定资产更新程度（固定资产净值/固定资产原值）、管理费用投入（管理费用/营业收入）和财务杠杆（负债总额/权益账面价值），考虑到中国上市公司年报的披露特点和数据的可获得性，参考李卫宁和李莉（2015）的做法，使用固定资产率（固定资产/主营业务收入）来代替厂房及固定设备更新率。其次，分别以 2009—2017 年为基期 t，计算出上述 6 个指标在 5 年窗口期 $[t-2,\ t+2]$ 内的方差。再次，基于年度—行业对上述方差进行标准化处理。最后，将上述标准化后的 6 个指标取平均值来度量企业战略调整（sc），该值越大意味着企业战略的调整程度越大。

3.2.2 解释变量

解释变量为非控股大股东存在状况 blockholder，由企业是否存在非控股大股东 blockholder_yes

和非控股大股东持股比例 blockholder_r 表示。其中，非控股大股东的界定参考 Bharath 等（2013）的研究，将持股比例超过 5% 且不具有控制权的股东定义为非控股大股东，并除去董事会和管理层持股。

3.2.3 控制变量

参考连燕玲等（2014）、韵江等（2021）的研究，本文控制了企业第一大股东持股比例（first）、产权性质（soe）、财务杠杆（lev）、企业规模（size）、管理层持股（ceo_ratio）、企业绩效（roa）、两职合一（dual）、企业上市时长（time），由于经济政策不确定性也会影响企业的战略调整（万赫等，2021），我们还控制了经济政策不确定性（uncertainty），并同时控制行业和年份效应。

变量具体定义见表 1。

表 1   **变量定义表**

变量类型	变量名称	变量符号	具 体 定 义
被解释变量	企业战略调整	sc	借鉴 Geletkanycz 等（1997）、李卫宁和李莉（2015）的研究计算得到
解释变量	企业是否存在非控股大股东	blockholder_yes	哑变量，企业若存在非控股大股东取 1，否则取 0
	非控股大股东持股比例	blockholder_r	企业非控股大股东持股股数/企业总股本
控制变量	第一大股东持股比例	first	第一大股东持股股数/企业总股本
	产权性质	soe	哑变量，若企业为国有企业取 1，否则取 0
	财务杠杆	lev	企业负债/总资产
	企业规模	size	企业当期总资产的自然对数
	管理层持股	ceo_ratio	当期管理层持股数量/总股本
	企业绩效	roa	当期净利润/总资产余额
	两职合一	dual	哑变量，若董事长和总经理为同一人取 1，否则取 0
	企业上市时长	time	企业上市天数的自然对数
	经济政策不确定性	uncertainty	月度经济政策不确定性指数的年度均值
	行业	ind	按照证监会的行业分类设置哑变量
	年份	year	设置年份哑变量

4. 实证结果

4.1 描述性统计

表 2 显示了主要变量的描述性统计。企业战略调整（sc）的均值为 0.275，最小值为 0.039，最大值为 11.019，标准差为 0.506，说明我国上市公司在样本期间皆进行了一定程度的战略调整，并且样本之间的战略调整存在着一定的差异。企业是否存在非控股大股东（blockholder_yes）的均值为 0.511，即 51.1%的样本都存在非控股大股东，说明在我国上市公司中，非控股大股东的存在具有一定的普遍性。非控股大股东持股比例（blockholder_r）的均值为 0.086，即非控股大股东平均持股 8.6%，能够对企业的各项决策施加一定的影响。此外，管理层持股（ceo_ratio）、企业规模（size）标准差较大，表明我国上市公司之间的管理层持股比例差异较大、上市公司规模差异较大。为避免各变量之间存在多重共线性，本文还做了解释变量间的多重共线性检验，各变量的方差膨胀因子均在 3 以下，均值为 1.53，因此各变量间不存在多重共线性。

表 2 　　　　　　　　　　　　　　　**变量描述性统计**

变　量	样本量	均值	标准差	中位数	最小值	最大值
sc	15292	0.275	0.506	0.158	0.039	11.019
blockholder_yes	15292	0.511	0.500	1	0	1
blockholder_r	15292	0.086	0.107	0.052	0	0.497
first	15292	0.345	0.151	0.322	0.086	0.749
soe	15292	0.617	0.486	1	0	1
lev	15292	0.517	0.209	0.521	0.053	0.971
size	15292	22.298	1.390	22.213	19.383	26.537
ceo_ratio	15292	0.528	3.190	0	0	47.350
roa	15292	0.031	0.069	0.029	−0.277	0.224
dual	15292	0.152	0.359	0	0	1
time	15292	8.785	0.298	8.819	7.287	9.627
uncertainty	15292	4.941	0.420	4.823	4.523	5.895

4.2 单变量检验

为初步考察非控股大股东与企业战略调整之间的关系，本文在正式进行回归分析之前进行了单变量均值检验。如表 3 所示，Group1、Group2 分别表示不存在非控股大股东的样本数量、存在非控股大股东的样本数量，Mean1、Mean2 分别表示不存在非控股大股东的样本战略调整的均值、存在非控股大股东的样本战略调整的均值，二者在 1%的水平上存在着显著性差异，初步验证了假设 H1a。

表 3   单变量均值检验

变量	Group1	Mean1	Group2	Mean2	MeanDiff
sc	7485	0.261	7807	0.289	−0.028 ***

注：*、**、*** 分别表示在 10%、5%、1%的统计水平上显著。下同。

4.3　主回归分析

本文使用 OLS 模型对假设进行验证，回归结果如表 4 所示，列（1）和列（2）是仅控制行业和年度效应的回归结果，是否存在非控股大股东（blockholder_yes）的回归系数为 0.032，非控股大股东持股比例（blockholder_r）的回归系数为 0.161，均在 1%的水平上显著为正。列（3）和列（4）是进一步加入其他控制变量的多元回归结果，是否存在非控股大股东（blockholder_yes）的系数为 0.021，T 值为 2.442，在 5%的水平上显著；非控股大股东持股比例（blockholder_r）的回归系数为 0.189，T 值为 4.753，在 1%的水平上显著，说明非控股大股东参与公司治理能够显著提升企业战略调整，体现出非控股大股东积极求变的态度，假设 H1a 得到验证。

此外，控制变量的符号也与现有文献（连燕玲等，2014；韵江等，2021）基本保持一致。企业规模（size）越大、绩效（roa）越高，战略调整的幅度越小；财务杠杆（lev）越高、上市时间（time）越长，战略调整的幅度越大；并且根据产权性质（soe）的系数来看，非国有企业比国有企业更倾向于进行战略调整。

表 4   非控股大股东参与治理与企业战略调整

变　量	（1）	（2）	（3）	（4）
	sc	sc	sc	sc
blockholder_yes	0.032 ***		0.021 **	
	(3.873)		(2.442)	
blockholder_r		0.161 ***		0.189 ***
		(4.181)		(4.753)
first			0.010	0.030
			(0.304)	(0.974)
soe			−0.060 ***	−0.060 ***
			(−6.578)	(−6.592)

续表

变　量	（1）	（2）	（3）	（4）
	sc	sc	sc	sc
lev			0. 272 ***	0. 274 ***
			（11. 937）	（12. 000）
size			-0. 057 ***	-0. 058 ***
			（-15. 761）	（-16. 146）
ceo_ratio			0. 002 *	0. 002
			（1. 741）	（1. 531）
roa			-0. 613 ***	-0. 619 ***
			（-9. 358）	（-9. 456）
dual			-0. 006	-0. 005
			（-0. 506）	（-0. 417）
time			0. 106 ***	0. 106 ***
			（5. 447）	（5. 477）
uncertainty			-0. 028	-0. 027
			（-1. 494）	（-1. 430）
year	yes	yes	yes	yes
ind	yes	yes	yes	yes
常数项	0. 344 ***	0. 346 ***	0. 691 ***	0. 705 ***
	（10. 706）	（10. 819）	（4. 403）	（4. 496）
N	15,292	15,292	15,292	15,292
R^2	0. 020	0. 020	0. 068	0. 069

4. 4　稳健性检验

为保证结论的稳健性，本文进行如下的稳健性检验：

4. 4. 1　内生性问题

（1）滞后 1 期检验。非控股大股东与企业战略调整之间可能存在着反向因果的关系：战略调整程度越高的企业在高强度的竞争环境中适应力更强，也就越能吸引非控股大股东进入企业。为排除该反向因果存在的可能性，本文将解释变量非控股大股东存在状况（blockholder）以及所有控制变量做滞后 1 期处理。回归后的结果如表 5 所示，结果与前文基本保持一致，因此，一定程度上排除了非控股大股东与企业战略调整之间存在反向因果的可能性。

（2）倾向得分匹配（PSM）。为避免存在样本选择偏误而导致的内生性问题，本文采用 PSM 的方法，以是否存在非控股大股东（blockholder_yes）为因变量，企业规模（size）、第一大股东持股比例（first）、企业绩效（roa）、财务杠杆（lev）、上市时长（time）作为自变量，使用 logit 模型进行倾向值的计算，采用 1 比 1 近邻有放回的配对原则进行匹配，再对匹配后的结果用模型（1）进行回归。匹配后的 ATT 值为 2.76，大于 1.96，说明匹配效果较好。匹配后的回归结果如表 5 所示，结果仍然与前文一致。

（3）控制个体效应。不同的企业有着不同的个体特征，为避免个体效应对回归产生影响，我们进一步控制了企业层面的个体效应，回归结果如表 6 所示，在控制了个体效应后，企业是否存在非控股大股东（blockholder_yes）和非控股大股东持股比例（blockholder_r）的回归系数依旧显著为正，回归结果较为稳健。

（4）heckman 两阶段模型。可能存在遗漏变量同时影响非控股大股东与企业战略调整，为解决此类内生性问题，我们以公司所在行业存在非控股大股东的公司占比（proportion）作为工具变量，进行 heckman 两阶段回归。具体的回归方法如下：

第一阶段，构建非控股大股东存在状况（blockholder）决定因素模型：

$$blockholder_{i,t} = \beta_0 + \beta_1 proportion_{i,t} + \beta_2 first_{i,t} + \beta_3 soe_{i,t} + \beta_4 lev_{i,t} + \beta_5 size_{i,t} + \beta_6 ceo\_ratio_{i,t} + \beta_7 roa_{i,t} + \beta_8 dual_{i,t} + \beta_9 time_{i,t} + \beta_{10} uncertainty_{i,t} + \sum year + \sum ind + \delta_{i,t}$$ (2)

blockholder 分别由企业是否存在非控股大股东 blockholder_yes 和非控股大股东持股比例是否大于年度行业中位数 blockholder_r_med（哑变量，非控股大股东持股比例大于年度行业中位数取 1，否则取 0）表示，其他变量定义见表 1。对第一阶段模型（2）进行回归后，计算得到逆米尔斯比例（imr1、imr2）。

第二阶段，在模型（1）中增加逆米尔斯比例（imr1、imr2）进行回归。根据表 6 的回归结果，是否存在非控股大股东（blockholder_yes）和非控股大股东持股比例（blockholder_r）的回归系数均显著为正，同样验证了前文的假设 H1a。

4.4.2　其他稳健性检验

（1）异方差检验。在描述性统计中，企业规模（size）的标准差较大，说明上市公司的规模之间存在较大的差异，容易产生异方差问题。为了修正潜在的异方差，本文采用 OLS+稳健标准误的方法对模型（1）进行检验。根据表 7 的检验结果，在 OLS+稳健标准误的回归方法下，企业是否存在非控股大股东（blockholder_yes）和非控股大股东持股比例（blockholder_r）的回归系数均没有较大的变化，说明回归结果较为稳健。

（2）替换非控股大股东的衡量方式。按照我国的相关规定，只有拥有企业 10% 以上股权的大股东才可以在企业中委派董事、提议召开股东大会，因此，本文替换非控股大股东的衡量方式，以持股比例 10% 为基准，将持有 10% 股份比例的大股东划分为非控股大股东，再对模型（1）重新进行检验，结果如表 7 所示，是否存在非控股大股东（blockholder_yes）和非控股大股东持股比例（blockholder_r）均在 1% 的水平上显著提升了企业战略调整（sc），与前文的结论一致。

表 5   **滞后 1 期检验与 PSM 倾向得分匹配**

变量	滞后 1 期		PSM	
	（1）	（2）	（3）	（4）
	sc_{n+1}	sc_{n+1}	sc	sc
blockholder_yes	0.015*		0.019*	
	(1.657)		(1.703)	
blockholder_r		0.156***		0.159***
		(3.758)		(2.903)
controls	yes	yes	yes	yes
year	yes	yes	yes	yes
ind	yes	yes	yes	yes
常数项	0.782***	0.790***	0.718***	0.721***
	(4.791)	(4.841)	(3.275)	(3.296)
N	14017	14017	7361	7361
R^2	0.067	0.068	0.070	0.071

表 6   **控制个体效应和 heckman 两阶段模型**

变量	控制个体效应		heckman 两阶段			
	（1）	（2）	第一阶段		第二阶段	
	sc	sc	blockholder_yes	blockholder_r_med	sc	sc
blockholder_yes	0.026***				0.022**	
	(2.592)				(2.516)	
blockholder_r		0.189**				0.189***
		(2.084)				(4.764)
proportion			1.138***	−0.523***		
			(9.272)	(−4.349)		
Imr1/imr2					0.098	−0.048
					(1.640)	(−0.499)
controls	yes	yes	yes	yes	yes	yes
year	yes	yes	yes	yes	yes	yes
ind	yes	yes	yes	yes	yes	yes
firm	yes	yes	no	no	no	no
常数项	1.663***	0.705**	−0.849**	0.980**	0.602***	0.719***
	(3.856)	(2.045)	(−1.986)	(2.326)	(3.624)	(4.514)

变量	控制个体效应		heckman 两阶段			
	（1）	（2）	第一阶段		第二阶段	
	sc	sc	blockholder_yes	blockholder_r_med	sc	sc
N	15292	15292	15292	15292	15292	15292
R^2	0.048	0.069	0.1133	0.0892	0.069	0.069

表7　　　　　　　　　　　　　　　　　异方差检验与替换解释变量

变　量	异方差检验		替换解释变量	
	（1）	（2）	（3）	（4）
	sc	sc	sc	sc
blockholder_yes	0.021**		0.035***	
	（2.327）		（3.991）	
blockholder_r		0.189***		0.188***
		（4.237）		（4.971）
controls	yes	yes	yes	yes
year	yes	yes	yes	yes
ind	yes	yes	yes	yes
常数项	0.691***	0.705***	0.699***	0.710***
	（4.334）	（4.422）	（4.453）	（4.528）
N	15292	15292	15292	15292
R^2	0.068	0.069	0.069	0.070

4.5　非控股大股东异质性分析

非控股大股东虽然普遍存在于企业中，但是他们也并非同质的，不同股东在产权资产配置、股权买卖动机、股权的行使方式与效果、代理方式以及行为方式等方面存在差异（杜勇，2011），进而可能会产生不同的治理效应。本文主要探讨国有大股东与非国有大股东、外资大股东与本土大股东之间的异质性，考察不同类型的非控股大股东是否会对企业战略调整产生不同影响。

4.5.1　国有大股东与非国有大股东之间的异质性

为探索国有大股东与非国有大股东对企业战略调整影响的异质性，本文基于存在非控股大股东的7807个样本，构建非国有大股东持股比例（nstate_z）与国有大股东持股比例（state_z）两个变量，考察其对战略调整的影响。回归结果如表8所示。非国有大股东持股比例（nstate_z）的系数为

0.151，在 1% 的水平上显著，说明随着非国有大股东持股比例的增加，企业战略调整的幅度也在增加，非国有大股东在战略调整方面发挥着较好的治理效应；国有大股东持股比例（state_z）的系数虽然为正但不显著，说明国有大股东对于企业战略调整不具有显著性影响。原因可能在于：国有大股东持股更多是表明企业与政府之间的关系，具有典型的"政治性"目标，需要完成关系国计民生的各类政策性任务（Lin et al., 1998）；非国有大股东则具有典型的"经济性"目标，关注投资收益最大化（张志平等，2021），并不承担政治责任，因而更有动力参与公司治理，当市场环境发生变化，危及企业的生存与发展时，非国有大股东也就更有动力去促进企业的战略调整。

4.5.2　外资大股东与本土大股东之间的异质性

为探索外资大股东与本土大股东对企业战略调整影响的异质性，本文基于存在非控股大股东的 7807 个样本，构建本土大股东持股比例（local_z）与外资大股东持股比例（foreign_z）两个变量，考察其对战略调整的影响。回归结果如表 8 所示。外资大股东持股比例（foreign_z）的系数虽然为正，但没有对企业战略调整（sc）产生显著性影响，而本土大股东持股比例（local_z）的系数在 1% 的水平上显著提升了企业战略调整（sc），本土大股东的治理效应要优于外资大股东。造成这一结果的原因可能在于：外国投资者对于我国制度背景、企业的基本信息等方面的了解都弱于本土投资者，不具有信息优势，其所能发挥的监督作用也就较小。

表 8　　　　　　　　　　　　　　非控股大股东的异质性分析

变　量	(1)	(2)	(3)	(4)
	sc	sc	sc	sc
nstate_z	0.151***			
	(2.634)			
state_z		0.101		
		(1.371)		
foreign_z			0.152	
			(1.388)	
local_z				0.201***
				(3.226)
controls	yes	yes	yes	yes
year	yes	yes	yes	yes
ind	yes	yes	yes	yes
常数项	0.783***	0.807***	0.837***	0.744***
	(3.584)	(3.691)	(3.800)	(3.398)
N	7807	7807	7807	7807
R^2	0.088	0.087	0.087	0.088

4.6　机制检验：非控股大股东影响企业战略调整的路径

根据前文的分析和检验，非控股大股东倾向于企业进行战略调整，那么，其又是通过何种路径影响企业战略调整的呢？相比其他小股东，非控股大股东拥有更多的股份，管理层无法忽视其利益诉求，而且非控股大股东通常能够获悉更多公司层面的私有信息（李蒙等，2021），因此更能起到监督管理层的作用。所以，我们预测非控股大股东通过发挥监督效应，从而促进企业进行战略调整。为验证这一机制，我们从企业的监督环境出发，进行如下的机制检验：

从企业外部监督的角度来看，分析师对上市公司外部治理起着重要的作用，能够对管理层的行为产生压力（赵胜民和张博超，2021），企业受到分析师的关注越多，受到的外部监督压力也就越大。因此，我们采用分析师关注数量来衡量企业受到外部监督的程度，并据此将样本分为分析师关注度高和分析师关注度低的两组进行分组检验，结果如表9的列（1）至（4）所示，在分析师关注度低的分组中，是否存在非控股大股东（blockholder_yes）在5%的水平上显著促进了企业战略调整，而在分析师关注度高的分组中，是否存在非控股大股东（blockholder_yes）的系数不显著；对于非控股大股东持股比例（blockholder_r）这一解释变量来说，当分析师关注度较低时，其系数为0.271，在1%的水平上显著，当分析师关注度较高时，其系数为0.081，在1%的水平上显著，两组的组间差异检验chi2值为4.77，p值为0.029，小于0.05，两组之间存在着显著差异。总的来说，当分析师关注度较低时，非控股大股东对企业战略的正向影响更加明显。

从企业内部监督的角度来看，内部控制是企业关键性的一种平衡制约机制，极大地增强了对高管的监督（贺星星和胡金松，2022），企业的内部控制质量越高，内部治理的效果也就越好。基于此，我们采用DIB内部控制指数来反映企业受到内部监督的程度，基于内部控制指数将样本分为内部控制质量高和内部控制质量低两组并进行分组检验，结果如表9的列（5）至（8）所示，在内部控制质量较低的分组中，是否存在非控股大股东（blockholder_yes）在10%的水平上显著促进了企业战略调整，而在内部控制质量较高的分组中，是否存在非控股大股东（blockholder_yes）的系数不显著；对于非控股大股东持股比例（blockholder_r）这一解释变量来说，当内部控制质量较低时，其系数为0.254，在1%的水平上显著，当内部控制质量较高时，其系数为0.077，在5%的水平上显著，进行组间差异检验后发现，chi2值为3.65，p值为0.056，小于0.1，两组之间存在着显著差异。总的来说，当内部控制质量较低时，非控股大股东对企业战略的正向影响更加明显。

综合以上监督机制的结果来看，非控股大股东对企业战略的促进作用在企业受到监督较弱情况下更强，表明非控股大股东确实通过发挥监督效应，影响了企业的战略调整。

表 9　　　　　　　　　　　　　　　　　　机 制 检 验

变量	分析师关注度低		分析师关注度高		内部控制质量低		内部控制质量高	
	（1）	（2）	（3）	（4）	（5）	（6）	（7）	（8）
	sc	sc	sc	sc	sc	sc	sc	sc
blockholder_yes	0.033**		−0.000		0.025*		0.003	
	(2.38)		(−0.06)		(1.65)		(0.38)	
blockholder_r		0.271***		0.081***		0.254***		0.077**
		(4.04)		(2.65)		(3.57)		(2.12)
controls	yes	yes	yes	yes	yes	yes	yes	yes
year	yes	yes	yes	yes	yes	yes	yes	yes
ind	yes	yes	yes	yes	yes	yes	yes	yes
常数项	0.642**	0.632**	0.096	0.120	1.151***	1.146***	0.045	0.058
	(2.37)	(2.34)	(0.77)	(0.97)	(4.09)	(4.07)	(0.31)	(0.40)
N	7719	7719	6361	6361	7652	7652	7633	7633
R^2	0.080	0.081	0.102	0.103	0.085	0.086	0.052	0.052

4.7　拓展性分析

4.7.1　企业战略委员会的调节效应

战略委员会是企业制定长期发展战略的重要咨询机构（周建等，2008），对企业战略的制定产生关键性影响。为考察企业战略委员会在非控股大股东与企业战略调整之间的调节作用，本文将样本中披露了有关战略委员会设立信息的样本（共 4347 个）进行分组并检验，一组设立了战略委员会，另一组未设立战略委员会。根据表 10 所示的回归结果发现，在未设立战略委员会的分组中，是否存在非控股大股东（blockholder_yes）和非控股大股东持股比例（blockholder_r）的系数分别为 0.034、0.275，分别在 10%、1%的水平上显著促进了企业战略调整（sc），但在设立战略委员会的分组中，是否存在非控股大股东（blockholder_yes）和非控股大股东持股比例（blockholder_r）的系数均不显著。这一结果说明非控股大股东与企业战略委员会之间存在着一定的替代效应，当企业未设立战略委员会时，非控股大股东一定程度上能够代替战略委员会的职能，对企业战略调整起到促进作用，发挥了治理效应。

表 10　　　　　　　　　　　　　　　战略委员会的调节效应

变　量	企业设立战略委员会		企业未设立战略委员会	
	（1）	（2）	（3）	（4）
	sc	sc	sc	sc
blockholder_yes	−0.001		0.034*	
	（−0.041）		（1.724）	
blockholder_r		−0.001		0.275***
		（−0.012）		（3.092）
controls	yes	yes	yes	yes
year	yes	yes	yes	yes
ind	yes	yes	yes	yes
常数项	−0.229	−0.229	0.552	0.575
	（−0.470）	（−0.472）	（1.513）	（1.577）
N	1997	1997	2350	2350
R^2	0.100	0.100	0.083	0.085

4.7.2　地方法治水平的调节效应

我国国内各省份法治水平存在差异，法治水平高的地区，投资者保护机制较为完善，更加有利于外部投资者参与公司治理。为探索地方法治水平在非控股大股东与战略调整之间的调节作用，本文将《中国分省份市场化指数报告》中的"市场中介组织的发育和法律制度环境"指数作为企业受到法律规制程度的衡量，按照指数中位数将样本分为两组，一组是法治水平较高组，另一组是法治水平较低组，再通过模型（1）进行回归检验。根据表 11 显示的回归结果，在法治水平较低组，是否存在非控股大股东（blockholder_yes）和非控股大股东持股比例（blockholder_r）的系数虽然都为正，但是不显著；在法治水平较高组，是否存在非控股大股东（blockholder_yes）和非控股大股东持股比例（blockholder_r）均对企业战略调整（sc）产生显著的正向影响，说明在法治水平较高的地区，非控股大股东对企业战略调整的积极作用更加明显，法律的完善有利于投资者行使自己的权利。

表 11　　　　　　　　　　　　　　　地方法治水平的调节效应

变　量	地方法治水平低		地方法治水平高	
	（1）	（2）	（3）	（4）
	sc	sc	sc	sc
blockholder_yes	0.001		0.040***	
	（0.087）		（4.524）	

续表

变 量	地方法治水平低		地方法治水平高	
	（1）	（2）	（3）	（4）
	sc	sc	sc	sc
blockholder_r		0.078		0.290 ***
		（1.164）		（7.008）
controls	yes	yes	yes	yes
year	yes	yes	yes	yes
ind	yes	yes	yes	yes
常数项	1.092 ***	1.094 ***	0.132	0.146
	（4.000）	（4.012）	（0.756）	（0.834）
N	7662	7662	7630	7630
R^2	0.100	0.100	0.054	0.057

5. 研究结论与启示

　　非控股大股东的治理效应已经颇受学者们认可，但较少有文献研究非控股大股东对企业战略调整的态度。本文以 2007—2019 年沪深 A 股非金融类上市公司为研究样本，探讨了非控股大股东对企业战略调整的影响机理。研究结果表明：非控股大股东对企业战略起着显著的正向影响，这一结论通过内生性检验等稳健性检验后依然成立；非控股大股东类型不同，对企业战略调整产生的影响也不同，其中非国有大股东、本土大股东对企业战略调整的作用显著，国有大股东、外资大股东对企业战略调整不产生显著性影响；机制检验发现，非控股大股东对于企业战略调整的治理作用是通过发挥监督效应实现的；进一步研究发现，在没有设立战略委员会、企业所在地法治水平高的企业中，非控股大股东对企业战略调整的正向影响更为明显。

　　本文的研究结论具有如下的启示：

　　首先，企业应当关注非控股大股东在企业战略调整中发挥的积极作用，引入更多大股东参与到公司治理当中，将企业内部治理机制与外部治理机制进行有机结合，合理发挥非控股大股东所具有的监督效应，以促进企业及时进行战略调整。

　　其次，非控股大股东异质性检验发现，国有大股东与外资大股东对企业战略调整的影响并不明显，企业应调动国有大股东和外资大股东进行战略调整的动机，充分利用国有大股东在资本市场上的资源优势，以及外资大股东在国际市场上的信息优势，帮助企业更好地调整战略以适应国内国外环境的变化。

　　最后，由于非控股大股东对战略调整的促进作用受到法治水平的影响，法制部门应当进一步完善投资者保护机制，继续提升地方法治水平，为投资者参与公司治理并行使自身权利提供合法的保护，以提升非控股大股东的治理效应，促进企业的长远发展。

◎ 参考文献

[1] 陈传明．企业战略调整的路径依赖特征及其超越 [J]．管理世界，2002（6）．

[2] 陈克兢，康艳玲，万清清等．非控股大股东能促进企业创新吗——基于退出威胁视角的实证分析 [J]．南开管理评论，2021，24（3）．

[3] 陈克兢．非控股大股东退出威胁能降低企业代理成本吗 [J]．南开管理评论，2019，22（4）．

[4] 丁一，李启佳，罗福凯．公司诉讼在治理机制下的企业战略调整分析 [J]．郑州大学学报（哲学社会科学版），2020，53（2）．

[5] 董静，邓浩然．董事长军旅背景、管理自主权与战略变革——来自 A 股上市公司的证据 [J]．管理工程学报，2021，35（4）．

[6] 杜勇．控股股东特质与亏损上市公司扭亏途径及效果——基于中国 2005 年亏损上市公司的经验证据 [J]．山西财经大学学报，2011，33（7）．

[7] 傅皓天，于斌，王凯．环境不确定性、冗余资源与公司战略变革 [J]．科学学与科学技术管理，2018，39（3）．

[8] 耿同劲．国有企业经理机会主义倾向的博弈论解释——一个混合对策框架 [J]．经济评论，2004（4）．

[9] 何萱，张敏．负面媒体报道与企业战略调整 [J]．中国会计评论，2019，17（4）．

[10] 贺星星，胡金松．国家审计与内部控制对国企资产价值的作用研究——基于保值增值视角 [J]．审计与经济研究，2022，37（4）．

[11] 胡建雄，殷钱茜．退出威胁能抑制"铁公鸡"公司的不分红行为吗？ [J]．财经论丛，2019（10）．

[12] 李蒙，李秉祥，张涛．非控股大股东退出威胁对"自利性"捐赠的治理作用——基于控股股东股权质押视角 [J/OL]．南开管理评论，http：//kns. cnki. net/kcms/detail/12. 1288. f. 20210910. 1335. 010. html.

[13] 李卫宁，李莉．TMT 异质性、战略变革与绩效改善的关系研究——基于绩效下滑的非多元化企业的数据实证 [J]．中国管理科学，2015，23（6）．

[14] 李志斌，黄馨怡．新《环保法》、企业战略与技术创新——基于重污染行业上市公司的研究 [J]．财经问题研究，2021（7）．

[15] 连燕玲，贺小刚，高皓．业绩期望差距与企业战略调整——基于中国上市公司的实证研究 [J]．管理世界，2014（11）．

[16] 罗昆，余敏．薪酬参照落差、环境不确定性与企业战略调整 [J]．财贸研究，2021，32（1）．

[17] 唐跃军，宋渊洋．价值选择 VS. 价值创造——来自中国市场机构投资者的证据 [J]．经济学（季刊），2010，9（2）．

［18］ 万赫，钟熙，彭秋萍. 以变应万变? 经济政策不确定性对企业战略变革的影响探析 ［J］. 管理工程学报，2021，35（5）.

［19］ 许荣，王雯岚，张俊岩. 法律对金融影响研究新进展 ［J］. 经济学动态，2020（2）.

［20］ 杨艳，陈贻杰，陈收. 战略变革对企业绩效的影响：基于货币政策的调节作用 ［J］. 管理评论，2015，27（1）.

［21］ 韵江，宁鑫，暴莹. CEO 过度自信与战略变革——基于"韧性效应"和"创造效应"的研究 ［J/OL］. 南开管理评论，http：//kns. cnki. net/kcms/detail/12. 1288. f. 20210910. 1708. 020. html.

［22］ 张志平，凌士显，吕风光. 混合所有制改革背景下异质性大股东治理效应研究——基于并购价值视角的实证分析与检验 ［J］. 现代财经（天津财经大学学报），2021，41（9）.

［23］ 张艺琼，冯均科，彭珍珍. 公司战略变革、内部控制质量与管理层业绩预告 ［J］. 审计与经济研究，2019，34（6）.

［24］ 赵胜民，张博超. 分析师关注如何影响公司投资行为——基于不同投资类型的分析 ［J］. 中央财经大学学报，2021（5）.

［25］ 赵天骄，肖翔，张冰石. 企业社会责任对资本配置效率的动态影响效应——基于公司治理视角的实证研究 ［J］. 山西财经大学学报，2018，40（11）.

［26］ 周建，刘小元，覃彦玲，等. 董事会战略委员会与企业绩效的相关性研究 ［J］. 山西财经大学学报，2008（8）.

［27］ 周建，许为宾. 产权、董事会领导权分离模式与企业战略变革 ［J］. 经济管理，2015，37（4）.

［28］ 祝继高，叶康涛，陆正飞. 谁是更积极的监督者：非控股股东董事还是独立董事? ［J］. 经济研究，2015（9）.

［29］ Admati, A. R. , Pfleiderer, P. Robust financial contracting and the role of venture capitalists ［J］. The Journal of Finance, 1994（3）.

［30］ Back, P. , Rosing, K. , Kraf, P. S. CEOs' temporal focus, firm strategic change, and performance: Insights from a paradox perspective ［J］. European Management Journal, 2020, 38（6）.

［31］ Banerjee, A. V. A simple model of herd behavior ［J］. The Quarterly Journal of Economics, 1992, 107（3）.

［32］ Bharath, S. T. , Jayaraman, S. , Nagar, V. Exit as governance: An empirical analysis ［J］. The Journal of Finance, 2013, 68（6）.

［33］ Boateng, A. , Huang, W. Multiple large shareholders, excess leverage and tunneling: Evidence from emerging market ［J］. Corporate Governance: An International Review, 2017, 25（1）.

［34］ Dou, Y. , Hope, O. K. , Thomas, W. B. Blockholder exit threats and financial reporting quality ［J］. Contemporary Accounting Research, 2018, 35（2）.

［35］ Faure, G. A. , Gromb, D. Public trading and private incentive ［J］. Review of Financial Studies, 2004（17）.

[36] Freeman, R. E. Divergent stakeholder theory [J]. Academy ol Management Review, 1999, 24 (2).

[37] Geletkanycz, M. A, Hambrick, D. C. The external ties of top executives: Implications for strategic choice and performance [J]. Administrative Science Quarterly, 1997, 42 (4).

[38] Gillan, S. L., Starks, L. T. Corporate governance proposals and shareholder activism: The role of institutional investors [J]. Journal of Financial Economics, 2000, 57 (2).

[39] Golden, B. R., Zajac, E. J. When will boards influence strategy? Inclination × power = strategic change [J]. Strategic Management Journal, 2001, 22 (12).

[40] Hannan, M. T., Freeman, J. Structural inertia and organizational change [J]. American Sociological Review, 1994, 49 (2).

[41] Haynes, K. T., Hillman, A. The effect of board capital and CEO power on strategic change [J]. Strategic Management Journal, 2010, 31 (11).

[42] Helwege, J., Intintoli, V. J, Zhang, A. Voting with their feet or activism? Institutional investors' impact on CEO turnover [J]. Journal of Corporate Finance, 2012, 18 (1).

[43] Hope, O. K., Wu, H., Zhao, W. Blockholder exit threats in the presence of private benefits of control [J]. Review of Accounting Studies, 2017, 22 (2).

[44] Jensen, M., Meckling, W. Theory of the firm: Managerial behavior, agency costs, and ownership structure [J]. Journal of Financial Economics, 1976 (3).

[45] Kahneman, D., Tversky, A. Prospect theory: An analysis of decision under risk [J]. Econometrica, 1979, 47 (2).

[46] Kieran, S., Macmahon, J., Maccurtain, S. Strategic change and sense making practice: Enabling the role of the middle manager [J]. Baltic Journal of Management, 2020, 15 (4).

[47] Lin, J. Y., Cai, F., Li, Z. Competition, policy burdens and state-owned enterprise reform [J]. The American Economic Review, 1998, 88 (2).

[48] Nakauchi, M., Margarethe, F. W. Executive succession and strategic change in Japan [J]. Strategic Management Journal, 2015, 36 (2).

[49] Oehmichen, J., Schrapp, S., Wolff, I. Who needs experts most? Board industry expertise and strategic change—A contingency perspective [J]. Strategic Management Journal, 2017, 38 (3).

[50] Oreg, S., Vakola, M. Change recipients' reaction to organization change: A 60-year reviews of quantitative studies [J]. The Journal of Applied Behavioral Science, 2011, 47 (4).

[51] Richard, O. C., Wu, J., Markoczy, L. A., et al. Top management team demographic-faultline strength and strategic change: What role does environmental dynamism play? [J]. Strategic Management Journal, 2019, 40 (6).

[52] Yan, Y., Wang, F., Shou, C. How strategy changes in different monetary policy conditions [J]. Chinese Management Studies, 2015, 9 (3).

[53] Zajac, E. J., Kraatz, M. S. A diametric forces model of strategic change: Assessing the antecedents

and consequences of restructuring in the higher education industry ［J］. Strategic Management Journal, Summer Special Issue, 1993 （14）.

Non-controlling Shareholders' Participation in Corporate Governance: Change or Conservatism? —From the Perspective of Strategic Adjustment

Yu Nutao[1]   Wang Han[2]   Zhang Huayu[3,4]

(1, 2, 3 School of Accounting, Yunnan University of Finance and Economics, Kunming, 650221;

4 School of Managment, Xiamen University, Xiamen, 361000)

Abstract: The role of non-controlling shareholders in corporate governance is becoming more and more prominent, but few studies have explored whether the participation of non-controlling shareholders in corporate governance can trigger the strategic adjustment of enterprises. Taking the A-share non-financial listed companies from 2007 to 2019 as samples, the paper discusses the influence of non-controlling shareholders' participation in corporate governance on the strategic adjustment. It is found that the non-controlling shareholders have a significant positive impact on the strategic adjustment, reflecting positive attitude of changes. And non-state-owned shareholders and local shareholders play a more obvious role in the promotion of strategic adjustment. In the mechanism test, it is found that the non-controlling shareholders' participation in governance can promote the strategic adjustment through the supervision effect. Further research shows that in the enterprises with no strategic committee and stringent law in the place where the enterprise is located, the participation of non-controlling shareholders have a obviously positive impact on the strategic adjustment. The conclusion provides empirical evidences for enterprises to optimize corporate governance mechanism and make strategic decisions.

Key words: Non-controlling shareholders; Strategic adjustment; Heterogeneity; Corporate governance

专业主编：陈立敏

珞珈管理评论
2023 年卷第 1 辑（总第 46 辑）

Luojia Management Review
No. 1, 2023 (Sum. 46)

ESG 框架下上市快递企业社会责任报告实质性评价*

● 赵会娟[1] 关宁静[2] 王慧若男[3] 薛蓉娜[4]

（1, 2, 3, 4 西安邮电大学现代邮政学院 西安 710012）

【摘 要】实质性评价是企业社会责任报告质量评价的核心。为评价上市快递企业社会责任报告实质内容，综合考虑国际国内社会责任和 ESG 标准规范、上市企业社会责任和 ESG 评价指南、邮政行业法规政策以及利益相关者社会责任信息需求，基于 ESG 框架构建上市快递企业社会责任报告实质性评价指标体系，选取 2018—2021 年 7 家上市快递企业社会责任报告文本进行实证研究。结果表明上市快递企业社会责任报告实质信息披露综合得分整体不高且呈逐年上升趋势，不同企业得分具有明显差异；不同年度的环境、社会和治理三个维度综合评价得分有所增加，但同一维度指标间得分存在显著差异；强制性、推荐性和创新性三类指标中响应国家政策类指标得分明显较高，部分指标存在选择性披露现象。

【关键词】ESG 框架 上市快递企业 社会责任报告 实质性评价

中图分类号：F616.3 文献标识码：A

1. 引言

社会责任报告是企业自述社会责任履行情况的文本，也是利益相关者获取企业社会责任信息的主要来源，其质量优劣直接影响社会责任信息披露的目标和价值实现。2020 年 10 月国务院印发了《关于进一步提高上市公司质量的意见》，明确要求"上市公司及其他信息披露义务人要充分披露帮助投资者作出价值判断和投资决策所必需的信息"。显然这里所指的"必需的信息"不是社会责任报告的文本形式，而是其中所包含的实质性内容，是社会责任报告的核心信息。由于社会责任信息通

* 基金项目：陕西省交通运输厅 2021 年度交通科研项目"陕西西安打造全球性邮政快递枢纽路径研究"（项目批准号：21-09R）；陕西省软科学研究计划重点项目"'一带一路'战略下陕西快递业发展问题研究"（项目批准号：2018KPZ020）；西安邮电大学研究生创新基金重点项目"基于 QCA 分析的民营快递企业社会责任实现路径"（项目批准号：CXJJZW2021004）。

通讯作者：赵会娟，E-mail：zhaohj036@ 126. com。

常以非结构化数据为主要形式，为了增强可信度和可读性，企业的社会责任报告文本形式越来越丰富，更出现了重形式轻内容、粉饰漂绿、顾左右而言他等异化现象，对于利益相关者关注和诉求的关键性议题披露不足，报告实质性内容缺失或者被忽视。事实上，只有社会责任报告实质性内容才能真正反映不同文化和不同行业对社会责任的关注点和关注度，所以实质性评价才是提升企业社会责任报告质量的关键。

随着快递市场规模不断扩大，诸如二次收费、过度包装、价格战、个人信息泄露等涉及环境、社会和治理的负面事件频频出现，投资者、公众、用户、供应链企业、社区、政府等利益相关者都希望快递企业能对此做出积极回应。虽然目前 7 家上市快递企业均发布了年度社会责任报告，但是快递行业社会责任缺乏统一规范和实质性评价指南，不同快递企业社会责任报告文本体例不同，自述重点各异，投资者及其他利益相关者难以有效获取价值判断和决策所需的实质性信息，无法对不同企业社会责任报告实质性内容进行综合评估。而倍受关注的 ESG 是企业实现可持续发展的一种全新理念（盛明泉等，2022），主张企业在经营的同时应履行环境（Environment）、社会（Social）和治理（Governance）三个方面的责任。由于 ESG 理念与我国长期以来推动的可持续发展战略不谋而合，更是贯彻落实新发展理念，推动经济高质量发展的重要抓手（陈信健，2020），2018 年证监会修订了《公司治理准则》，要求上市企业将 ESG 融入公司战略，搭建 ESG 信息披露基本框架。

因此，本文尝试基于 ESG 框架构建上市快递企业社会责任报告实质性评价指标体系，并对 7 家上市快递企业社会责任年度报告进行综合评价，为利益相关者提供有效决策信息，也有助于提升上市快递企业社会责任报告信息披露质量。

2. 文献回顾与理论分析

2.1 社会责任报告质量评价

自 20 世纪 90 年代社会责任报告披露制度逐渐兴起，社会责任报告质量评价就成为国内外实践和理论界在企业社会责任领域关注的主要命题。全球报告倡议组织（Global Reporting Initiative，GRI）成立并推动报告规范化，企业可持续发展报告、社会责任报告成为主流。为了保证社会责任报告披露信息真实可靠且易于理解，国内外不同权威机构发布了一系列评价指南，例如《可持续发展报告指南》（简称 G4 指南）、《中国企业社会责任报告指南基础框架 CASS-CSR4.0》（简称 CASS-CSR4.0)、《中国企业社会责任报告评级标准（2019）》（简称评级标准（2019））、《企业社会责任报告关键定量指标指引》（简称 MQI 指引）、《MCT-CSR 报告评价体系》（简称 MCT-CSR）。这些指南确定的社会责任报告质量评价原则中实质性评价不突出，只有评级标准（2019）直接提出实质性原则（如表 1 所示）。

表 1　　　　　　　　主要的国内外权威机构社会责任报告质量评价原则

机　构	标　准	评　价　原　则
全球报告倡议组织	G4 指南	平衡性、可比性、准确性、及时性、清晰性、可靠性、完整性
中国社科院企业社会责任研究中心	CASS-CSR4.0	客观性、时效性、可比性、真实性
中国企业社会责任报告评级专家委员会	评级标准（2019）	完整性、实质性、平衡性、可比性、可读性、创新性、完整性
商道纵横	MQI 指引	可读性、可比性、时效性、可靠性、行业性
润灵环球咨询公司	MCT-CSR	整体性、内容性、技术性、行业性

　　国内外学者对企业社会责任报告质量评价以实证研究为主，国外学者更注重对社会责任报告内容信息的评价，如 Cray 等（1995）研究英国公司社会责任信息披露；Trotman 和 Bradley（1981）从 6 个责任领域考察上市公司年度报告的社会责任信息披露情况；Gelb 和 Strawser（2011）则从工作场所女性和少数族群进步的公司政策、慈善活动以及社区工程的参与 3 个方面来评价社会责任信息披露情况。国内学者的研究主要聚焦于汽车制造业（桂根生等，2017）、出版业（韩生华等，2021）、化工业（刘学之等，2017）、林业（李嘉和温作民，2016）及药业（尹开国等，2014）等领域，不同学者对企业社会责任报告质量评价的关注点也不同。有些学者强调报告形式和内容的综合评价，例如齐丽云等（2016）提出从完整性、包容性、实质性、回应性、可比性、可信性、创新性、可获取性 8 个维度评价企业社会责任报告质量；刘婉立和宋一凡（2017）认为企业社会责任报告信息的质量要求应包括完整性、可靠性、可比性、二分性以及可读性等。有些学者则关注社会责任报告形式性评价，例如段钊等（2021）构建了基于效率与适应水平的可读性质量评估模型；段钊等（2022）又提出了实据性概念、测度模型与量化方法，用以评估上市公司社会责任信息披露中"言之有据"的程度等。评价方法上，由于社会责任报告信息披露自主性、灵活性、多样性与不确定性都很强（宋献中和龚明晓，2017），近年来大部分学者采用主观和客观相结合的评价方法，并尝试将文本挖掘、机器学习、文本内容分析等方法引入社会责任报告质量评价，以提高企业社会责任报告质量评价方法的客观性和可操作性（刘婉立和宋一凡，2017）。

　　从国内外社会责任报告质量评价实践和学者的研究来看，其最终目的都是将企业社会责任信息清晰准确地传递给需求者，但现有的研究关注点更倾向于报告可读性、可信度和可比性等文本形式的评价，对于企业究竟承担了什么责任，履行程度如何，产生了哪些效应等实质性内容关注不足，针对快递行业的相关研究尤其缺乏。

2.2　快递企业社会责任的特殊性

　　在商业模式变革和科技创新加速的背景下，快递企业迅速成长且社会影响力不断增大，快递领域个人信息保护、绿色包装、快递员权益保障、公共安全等问题成为社会关注的焦点。而上市快递企业市场占有率居全行业前七位，业务量占全国 80% 以上，具有引领性作用，其承担的社会责任具有以下特殊性：

（1）社会责任相关利益主体广泛。利益相关者理论认为组织应从全部利益相关者的权益出发以实现经济与社会效益共同提升。而利益相关者是指与组织达成组织目标之间有互动关系的团体和个人，企业不应仅关注股东和个体的利益（Freeman，1984）。快递服务渗透性强，在国民经济和社会生活中扮演着越来越重要的角色，在数字经济和高质量发展的新时代更发挥着基础性作用（吴昊和谭克虎，2014）。快递服务场景几乎遍及国民经济和社会生活的各个领域，不仅投资者关注企业社会责任信息，广大客户、合作者、社会公众、社区和政府部门等利益相关主体也越来越关注其产生的社会价值。因此，评价上市快递企业社会责任报告实质性内容不仅要考虑投资者的信息需求，更要关注广大相关利益主体的诉求。

（2）社会责任内涵复杂丰富。可持续发展理论源于环境保护问题，提出经济、生态和社会三个方面协调统一的可持续性发展观念。快递作为物流的高级化业态，既是碳排放的主要领域之一，也是涉及千家万户的民生服务，更是畅通国内外循环的支撑力量（张梦娟，2015）。快递企业不仅承担着绿色可持续发展的环境责任，也承担着通政、通商、便民的社会责任。另外，随着快递网络平台化趋势越来越明显，无论直营型还是加盟型快递企业都承担双重治理责任，既要承担企业内部治理责任，又要承担网络平台的监管责任，规避平台内社会责任缺失与异化现象，应对平台商业生态圈乃至社会生态圈所面临的社会共性问题（肖红军和阳镇，2020）。

（3）社会责任规范不断增加。快递作为现代寄递服务的主要类型，为了规范快递服务行为，国家相继出台《邮政法》《快递暂行条例》《快递市场管理办法》《邮件快件绿色包装规范》《邮件快件包装管理办法》《关于做好快递员群体合法权益保障工作的意见》等一系列法规政策和标准规范，也对快递企业承担并履行社会责任不断提出严格明确的新要求。所以评价上市快递企业社会责任报告实质内容既要参照国内外上市企业社会责任披露规范，更要考虑快递行业法规政策和标准规范要求。

2.3 ESG 理念与企业社会责任的实质关系

自 1924 年谢尔顿提出企业社会责任以来，"企业应该为社会承担什么责任"成为争论的焦点，利益相关者理论、企业公民理论、社会回应理论、可持续发展理论等都是企业社会责任实质内容的基础理论。2004 年全球可持续发展议题下提出的 ESG 理念是企业社会责任的进阶，在全球被广泛认同并传播。相较于企业社会责任，ESG 理念并不是企业社会责任内涵范围的扩大，也不是企业社会责任的子部分，而是基于利益相关者理论、可持续发展理论和委托代理理论将环境、社会和治理三个方面结合起来，更加契合全社会实现可持续发展的要求（袁蓉丽等，2022）。ESG 的实质内容既包含了企业社会责任的主要议题，也提供了可具体、可衡量、可操作的企业责任内容框架体系，而且与中国式现代化的价值主张相通，也符合公众对负责任企业的普遍期望。为了推动上市企业由社会责任报告向 ESG 报告转变，2018 年 11 月中国证券投资基金业协会正式发布了《中国上市公司 ESG 评价体系研究报告》和《绿色投资指引（试行）》，提出了衡量上市企业 ESG 绩效的核心指标体系，进一步推动 ESG 在我国的发展（闫立东，2019）。因此，基于 ESG 框架评价上市快递企业社会责任报告实质性内容具有合理性。

3. 评价指标体系构建

3.1　主要议题确定

社会责任报告实质性评价重在考察企业社会责任报告是否披露了企业对经济、社会、环境的影响，是否涵盖了行业特征议题、时代议题等关键的社会责任议题，以及是否覆盖了关键利益相关方的诉求（杨亚西等，2020）。为了确定上市快递企业社会责任报告主要议题，首先，梳理汇总现有全球及国内权威组织发布的社会责任报告、可持续发展报告和 ESG 报告规范文件以及邮政行业法规政策和标准规范的相关议题，见表 2。

表 2　　　　　　　　　　　　　　企业社会责任主要议题及其来源

序号	主 要 议 题	规范文件来源
1	人权、劳工标准、环境和反腐败	联合国全球契约十项原则
2	经济、环境、劳工实践和体面工作、人权、社会	可持续发展报告指南
3	气候变化、自然资源、污染和排放、环境机会、人力资本、产品责任、关联交易、社会责任、企业治理和企业行为	MSCI 指数
4	个人信息保护、平台监管、渠道安全	《邮政法》《快递暂行条例》等法规
5	快递服务、快递安全、绿色发展、快件包装、监督管理	《邮件快件包装管理办法》《快递市场管理办法》等快递行业相关政策和标准
6	组织治理、人权、劳工实践、环境、公平运营实践、消费者问题以及社区参与和发展	《社会责任指南标准》ISO 26000
7	人权、员工、产品和服务、竞争与合作、资源节约和生态保护、环境绩效、文化多样性、公共关系、社区建设与公益事业保护	《中国企业社会责任推荐标准和实施范例》
8	排放物、资源使用、环境及天然资源、雇佣及劳工常规、营运惯例、社区、董事会、董事及高管的薪酬及董事会评核、问责及审计、转授董事会权利、与股东的沟通、公司秘书	香港联合交易所的《环境、社会及管治报告指引》
9	环境、产品、员工、供应链、社区、ESG 管理、公司治理	企业 ESG 评价指南（试行版）
10	企业绿色增长、法律责任之外，对消费者和社区以及环境的责任、达成利益相关者的共同治理	中国上市公司 ESG 评价体系研究报告

其次，结合相关利益主体对快递企业社会责任的诉求，确定环境、社会和治理 3 个维度共 10 个责任议题，其中环境责任议题主要包括绿色管理、气候变化和能源消耗，社会责任议题主要包括业务、客户、供应商、员工、社区，治理责任议题主要包括内部治理与外部治理。

最后，根据其来源特点将这些议题划分为强制性、推荐性和创新性议题。强制性议题是指相关法律法规明确规定的议题，即企业行为受规范制约（郑路等，2022）；推荐性议题是指由相关指南和规范文件提出的非强制性或自愿选择性议题，指企业可执行可不执行，还可以有选择地执行（郝远，2019）；创新性议题是企业自主提出的创造性或前瞻性议题，指企业根据营运情况而采取的履责行为。

3.2 评价指标选取

参照指南规范和法规中不同议题对应的关键指标和指标解释，结合快递行业术语和特点选取具体评价指标。为了避免指标过多，权重分散，造成次要指标和不可靠指标对整体评价效果的干扰，依据代表性、综合性和简洁性原则选取评价指标，如快递企业多选择柴油汽车运输，故在"汽油消耗量、柴油消耗量、煤油消耗量"等披露内容中选取"柴油消耗量"为代表性指标；如将智慧物流、科技助疫、智慧枢纽、产品研发等综合为"创新研发投入"指标，体现指标选取的综合性；如绿色管理方面选取"绿色包装""绿色办公""绿色运输"等指标，体现指标选取的简洁性。

为确保指标能够真实反映 ESG 责任信息，邀请来自行业监管部门、快递行业协会、科研院所、证券机构、快递企业、供应商等多部门专家进行调查论证，最终确定环境、社会和治理 3 个维度（一级指标），10 个议题（二级指标），30 个评价指标（三级指标）构成的综合评价指标体系，其中定量指标 11 个，定性指标 19 个；强制性、推荐性、创新性议题分别对应 7、20、3 个指标，如图 1 所示。

环境维度责任强调快递企业在营运过程中一切可控的绿色管理责任，以"绿色管理""气候变化""能源消耗"为核心构建指标体系（见表 3）。

表 3 环境维度指标描述、来源及性质

指标名称	指标描述	来源	性质
绿色包装*	描述快件绿色包装在标准化、减量化和可循环等方面的目标和实现路径	《邮件快件绿色包装规范》	定性
绿色办公**	描述工作中采用线上会议、无纸化办公等新型办公方式	可持续发展报告指南	定性
绿色运输**	描述采用优化线路、清洁能源的运输方式	可持续发展报告指南；ISO14001 环境管理体系	定性
循环利用*	描述循环包装信息系统或回收设施设备等提升循环使用效率的实践	《邮件快件绿色包装规范》	定性

续表

指标名称	指标描述	来源	性质
温室气体排放量**	快递企业直接或间接产生的温室气体排放总量（以 t/CO_2e 计算）	中国上市公司 ESG 评价体系研究报告；港交所《环境、社会及管治报告指引》	定量
包装总量*	包装类物品使用总量（以吨计算）	《邮件快件绿色包装规范》	定量
电力消耗量**	快递企业直接或间接产生电力能源消耗总量（以 KW·h 计算）	可持续发展报告指南	定量
柴油消耗量**	陆运和航空地面消耗柴油能源总量（以 L 计算）	企业 ESG 评价指南（试行版）；港交所《环境、社会及管治报告指引》	定量

注：* 为强制性指标；** 为推荐性指标。

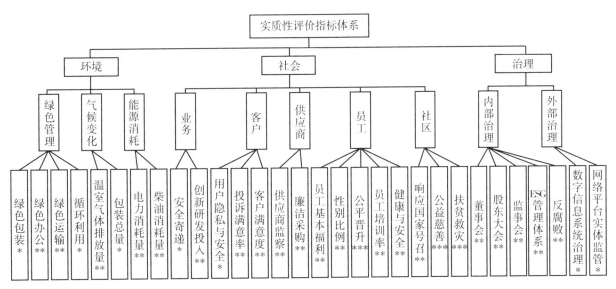

注：* 为强制性指标；** 为推荐性指标；*** 为创新性指标。

图 1　上市快递企业社会责任报告实质性评价指标体系

　　社会维度责任强调利益相关者诉求，以"客户""员工""供应商"等方面责任（鲍晓娜等，2022）构建指标体系（见表 4）。

表 4　　　　　　　　　　　　社会维度指标描述、来源及性质

指标名称	指标描述	来源	性质
安全寄递*	描述保障寄件安全的措施，如收寄验视、实名收寄、过机安检等	《快递暂行条例》	定性
创新研发投入**	描述技术创新投入的领域、金额及机制，如智能分拣、智慧物流	可持续发展报告指南	定性

续表

指标名称	指标描述	来源	性质
用户隐私与安全*	描述保障用户信息安全所采取的有效技术、制度、培训等手段，如隐匿面单	《快递暂行条例》	定性
投诉满意率**	客户投诉处理结果的满意数与客户投诉总数之比	中国上市公司 ESG 评价体系研究报告	定量
客户满意度**	通过调查问卷等方式获取的客户满意度	中国上市公司 ESG 评价体系研究报告	定量
供应商监察**	描述对供应商的有关惯例的执行及监察方法	企业 ESG 评价指南（试行版）	定性
廉洁采购**	描述保证采购业务公开、公正、公平的有效措施	港交所《环境、社会及管治报告指引》	定性
员工基本福利**	描述在劳动就业、社会保险、医疗卫生等方面提供全员覆盖（包含快递员群体在内）的福利项目	港交所《环境、社会及管治报告指引》；《关于做好快递员群体合法权益保障工作的意见》	定性
性别比例**	按性别划分的员工总数之比	中国上市公司 ESG 评价体系研究报告	定量
公平晋升***	描述公平、公正、透明的晋升制度	企业 ESG 评价指南（试行版）	定性
员工培训率**	员工培训人次和总人数之比	港交所《环境、社会及管治报告指引》	定量
健康与安全**	描述提供安全工作环境，避免员工受到职业性危害的措施	企业 ESG 评价指南（试行版）	定性
响应国家号召**	描述响应国家号召的行动，如快递进村、快递进厂、快递出海等	《快递暂行条例》	定性
公益慈善***	描述在养老、教育、志愿者等方面的创新项目	可持续发展报告指南	定性
扶贫救灾***	描述参与扶贫和救灾的实践与贡献	可持续发展报告指南	定性

注：* 为强制性指标；** 为推荐性指标；*** 为创新性指标。

治理维度责任由快递企业规模经济性和外部性决定，从内部治理与外部治理两个方面（许英杰等，2018）构建指标体系（见表 5）。

表 5　　　　　　　　　　　治理责任指标描述、来源及性质

指标名称	指标描述	来源	性质
董事会**	董事会举行次数	中国上市公司 ESG 评价体系研究报告	定量
股东大会**	股东大会召开次数	中国上市公司 ESG 评价体系研究报告	定量
监事会**	监事会召开次数	中国上市公司 ESG 评价体系研究报告	定量

续表

指标名称	指标描述	来　　源	性质
ESG 管理体系**	制定 ESG 战略或开展 ESG 培训，披露 ESG 信息	企业 ESG 评价指南（试行版）	定性
反腐败**	描述防范腐败的措施及举报程序、执行方法	港交所《环境、社会及管治报告指引》	定性
数字信息系统治理*	描述全网的数字信息系统的安全保护方法，如建设自动化监控平台	《邮政业信息系统安全等级保护基本要求》	定性
网络平台实体监管*	描述对网络平台接入主体（加盟商或分支机构）的监管措施	《促进平台经济规范健康发展的指导意见》《快递暂行条例》	定性

注：* 为强制性指标；** 为推荐性指标。

4. 实证分析

4.1　样本选取及特征描述

根据巨潮资讯网检索结果，自 2016 年起中通快递、圆通速递、申通快递、韵达股份、顺丰控股、德邦股份、京东物流等 7 家国内快递企业相继在上海、深圳、纽约与香港交易所上市，其中顺丰速运、京东物流和德邦物流 3 家为直营型企业，其余 4 家为加盟型企业（见表 6）。

表 6　　　　　　　　　　　　　　　**上市快递企业基本信息**

上市公司全称	股票简称	股票代码	上市时间	上市地点
圆通速递股份有限公司	圆通速递	600233	2016	上海证券交易所
中通快递有限公司	中通快递	ZTO	2016	纽约证券交易所
申通快递股份有限公司	申通快递	002468	2016	深圳证券交易所
韵达控股股份有限公司	韵达股份	002120	2017	深圳证券交易所
顺丰速运有限公司	顺丰控股	002352	2017	深圳证券交易所
德邦物流股份有限公司	德邦股份	603056	2018	上海证券交易所
京东物流股份有限公司	京东物流	02618	2021	香港证券交易所

由于 2016—2017 年仅圆通速递、申通快递及顺丰速运（2016 年未上市）3 家快递企业发布年度社会责任报告，发布率低且不具备可比性，2018—2019 年除京东物流（未上市）外其他上市快递企

业均发布了年度社会责任报告，2020—2021 年上市快递企业社会责任年度报告发布率达到 100%，本文选取 2018—2021 年 7 家上市快递企业发布的 26 份社会责任报告作为数据来源，并初步分析其特征如下：

（1）文本编制各具特色。从报告篇幅来看，上市快递企业年度社会责任报告篇幅总体呈逐年增加的趋势（见表 7），篇幅长的报告文本呈现方式也多样。从报告编制规范来看，2018 年德邦和 2021 年申通未注明编制依据；德邦、圆通、京东以及申通部分年份未建立阅读反馈机制；2021 年申通与 2018—2021 年圆通发布的社会责任报告均未注明可供读者反馈意见和建议的部门、地址、邮编和电话。

表 7　　　　　　　　　　**2018—2021 年上市快递企业社会责任年度报告页数统计**

年份	最大值	最小值	均值	德邦	韵达	圆通	中通	申通	顺丰	京东
2018	42	25	33.83	42	25	33	32	35	36	—
2019	53	28	41.67	53	28	34	51	36	48	—
2020	104	27	50	51	27	30	42	39	104	57
2021	124	33	56	63	33	33	52	33	124	54

（2）披露信息可信度存在差异。可信度是指企业在编制报告时使用的信息以及各个步骤，应经过完整的第三方评价和审验（韩生华等，2021）。26 份报告中均没有负面信息披露，仅京东物流 2020—2021 年公布第三方检验结果（见表 8）。

表 8　　　　　　　　　　**26 份报告中第三方评价或审验情况**

第三方评价或审验机构		26 份报告	
		符合的报告数（家）	所占比例（%）
GRI 应用等级核审		0	0
中国社会科学院企业社会责任研究中心社会责任报告评级		0	0
中国企业评价协会		0	0
SGS 通标标准技术服务有限公司		2	7.69
合计	披露第三方评价或审验信息	2	7.69
	未披露第三方评价或审验信息	24	92.31

（3）文本可读性较强。可读性指报告的信息披露方式是否易于读者理解和接受。26 份报告内容均披露企业履责行为且图文并茂，多采用数据表、流程图、企业发展示意图等多重组合方式描述目前企业履责情况（见表 9）。

表9 **2018—2021年上市快递企业社会责任年度报告图表数量区间统计**

年 份	0	0~50	50~100	100~150	150~200
2018	0	0	6	0	0
2019	0	1	3	2	0
2020	0	2	3	2	0
2021	0	2	2	2	1

4.2 数据处理与权重计算

4.2.1 数据处理

考虑到上市快递企业发布的年度社会责任报告篇幅不长（平均50页左右），报告文本以图片和文字混合为主、专业术语多、语义情感丰富，为充分有效提取数据组建五人团队，人工分析26份社会责任报告文本内容，并依据构建的指标体系对社会责任报告独立打分，为尽可能避免主观影响，出现分歧时采用沟通协调统一分值。具体操作步骤如下：

（1）定量指标值确定。定量指标可以直接获取，如"温室气体排放量652.44t/CO_2e""电力消耗量847387358.4kW·h"等；不能直接获取的数据通过计算得到，如"性别比例"为"男性员工数量/女性员工数量"。

（2）定性指标赋值。定性指标通过赋值转化为定量指标时采用"三值法"对各项指标进行赋值，其中"0"表示报告中未提及该项指标，"1"表示报告中定性表述该指标，"2"表示报告中定性与定量相结合表述该指标，如顺丰速运2021年可持续发展报告中表述"顺丰公益基金会全年公益总支出9889万元，设有20个志愿者协会，实际参与活动志愿者3585名，志愿服务时长21601小时"，因此对顺丰"公益慈善"指标赋值为"2"，其余定性指标参照上述方式进行赋值。

（3）定量与定性指标值归一化处理。

4.2.2 权重计算

一般确定指标权重的方法有主观赋权法、客观赋权法以及组合权重法，其中主观赋权法包含德尔菲法、几何平均法和AHP（层次分析法）等；客观赋权法包含熵值法、标准离差法和CRITIC等。AHP是一种通过建立递阶层次结构，构造判断矩阵，形成定性与定量相结合的多准则决策方法。CRITIC是基于评价指标的对比强度和指标之间的冲突性来衡量指标的客观权重，在考虑指标变异性大小的同时兼顾了指标之间的相关性。已有的研究中，一些学者利用AHP-CRITIC确定指标权重，并取得了较好的评价结果（郭曼曼等，2022；Qi Jiawei et al.，2022）。因此，本文采用AHP-CRITIC并利用线性方程确定组合权重，既能减少专家评分过程中产生的主观偏差，又能避免因指标数据不完整或质量较差产生的客观偏差等问题。具体权重计算步骤如下：

Step1：邀请行业内 11 位专家依据标度方法两两比较进行打分，构建判断矩阵，同时对指标按列进行归一化处理，得到权重系数。

Step2：为保证权重的准确性，对所有判断矩阵进行一致性检验。CR 值均小于 0.1，通过一致性检验。

Step3：CRITIC 权重法根据归一化处理后的指标计算标准差和相关系数，然后由标准差和相关系数的乘积得到信息量，最后通过指标信息量的占比得出各项指标权重。

Step4：利用组合权重法确定指标权重时，为去除较大数据的干扰，计算分配系数 α 与 β，引入主客观权重的距离函数公式：

$$d(\omega_{AHP}, \omega_{CRITIC}) = \left[\frac{1}{2} \sum_{i-1}^{n} (\omega_{AHP} - \omega_{CRITIC})^2 \right]^{\frac{1}{2}} \tag{1}$$

因此，组合权重为：

$$\omega_{AHP\text{-}CRITIC} = \alpha\omega_{AHP} + \beta\omega_{CRITIC} \tag{2}$$

其中，α 和 β 为权重分配系数，$\alpha + \beta = 1$，构建方程组为：

$$\begin{cases} d(\omega_{AHP}, \omega_{CRITIC})^2 = (\alpha - \beta)^2 \\ \alpha + \beta = 1 \end{cases} \tag{3}$$

根据公式（1）至（3）计算得出 $\alpha = 0.524$，$\beta = 0.476$，通过该值获得 AHP-CRITIC 法的综合权重，具体权重见表 10。

表 10 　　　　　　　　　　　　　各项指标权重汇总表

指标	AHP 权重（%）	CRITIC 权重（%）	组合权重（%）
绿色包装*	4.531	3.109	3.854
绿色办公**	3.312	3.899	3.591
绿色运输**	3.971	2.663	3.348
循环利用*	3.406	4.218	3.792
温室气体排放量**	3.470	2.761	3.133
包装总量*	4.003	2.304	3.194
电力消耗量**	3.640	2.537	3.115
柴油消耗量**	3.921	2.537	3.262
安全寄递*	4.898	4.132	4.533
创新研发投入**	3.903	3.638	3.777
用户隐私与安全*	4.849	2.865	3.905
投诉满意率**	3.820	3.993	3.902
客户满意度**	4.017	3.427	3.736
供应商监察**	2.094	3.440	2.735
廉洁采购**	2.939	2.800	2.873

续表

指标	AHP 权重（%）	CRITIC 权重（%）	组合权重（%）
员工基本福利 **	4.959	2.427	3.754
性别比例 **	1.383	2.489	1.910
公平晋升 ***	1.921	3.675	2.756
员工培训率 **	3.083	3.854	3.450
健康与安全 **	3.801	2.915	3.379
响应国家号召 **	2.906	3.895	3.377
公益慈善 ***	2.006	3.638	2.783
扶贫救灾 ***	2.692	4.331	3.472
董事会 **	2.359	3.975	3.128
股东大会 **	2.265	3.669	2.933
监事会 **	1.936	3.563	2.711
ESG 管理体系 **	2.942	2.975	2.958
反腐败 **	3.014	3.532	3.261
数字信息系统治理 *	4.469	3.825	4.162
网络平台实体监管 *	3.490	2.910	3.214

注：* 为强制性指标；** 为推荐性指标；*** 为创新性指标。

由表10权重计算结果可见，AHP法中"员工基本福利""安全寄递""用户隐私与安全""绿色包装""数字信息系统治理"权重值大，"供应商监察""公益慈善""监事会""公平晋升""性别比例"权重值小。CRITIC法中"扶贫救灾""循环利用""安全寄递""投诉满意度""董事会"权重值大，"电力消耗量""柴油消耗量""性别比例""员工基本福利""包装总量"权重值小。组合权重下"安全寄递""数字信息系统治理""用户隐私与安全""投诉满意率""绿色包装"权重值大，"公益慈善""公平晋升""供应商监察""监事会""性别比例"权重值小。

4.3　评价结果与分析

4.3.1　不同企业的综合得分

基于上述各项指标得分乘以权重并转换为百分制，计算得出2018—2021年7家上市快递企业社会责任报告实质性评价结果（见表11）。整体来看，2018—2021年7家上市快递企业发布的社会责任年度报告实质性评价的均值分别为38.78、49.31、48.27、54.27，均未达到60。同时，企业得分离散程度较大，最小值与最大值相差62.33。

表 11　　　　　　　　**2018—2021 年 7 家上市快递企业社会责任报告综合得分汇总表**

年份	最大值	最小值	差值	均值	顺丰	京东	韵达	圆通	申通	中通	德邦
2018	54.91	15.13	39.78	38.78	54.91	—	15.13	50.98	35.12	50.90	25.64
2019	67.96	37.10	30.86	49.31	67.96	—	41.54	55.29	43.24	50.70	37.10
2020	77.96	15.63	62.33	48.27	77.96	56.60	42.71	55.94	15.63	50.85	38.19
2021	80.72	31.56	49.16	54.27	80.72	62.33	50.06	51.10	31.56	52.36	51.76

从时间维度来看，2018—2021 年 7 家上市快递企业社会责任报告综合得分逐年上升，个体得分差距较大。不同企业综合得分如图 2 所示，其中顺丰、京东、韵达、德邦得分逐年上升；圆通、中通得分未有明显提高，较为稳定；申通得分波动较大，上升趋势不明显。

从企业维度来看，2018—2021 年顺丰综合得分最高，与其他企业相比处于领先地位。以 2021 年为例，企业综合得分由高到低依次是顺丰、京东、中通、德邦、圆通、韵达、申通，其中，顺丰、京东综合得分较高，分别为 80.72 和 62.33；中通、德邦、圆通、韵达得分基本持平，均分为 51.32；申通得分最低，为 31.56。

总体来看，上市快递企业社会责任整体得分不高，其主要原因是企业实质性信息披露不足。例如，2018 年韵达着重披露"公司战略""响应国家号召"与"回馈合作伙伴"，其他方面表述较少导致得分低。2019 年德邦以"产品市场、员工、社会责任及环保"为专题展开描述，未能结合数据说明成效导致得分低。2020—2021 年申通由于社会责任报告多以案例、事迹为主体，报告内容得到提升但缺少定量信息的披露，导致得分低。

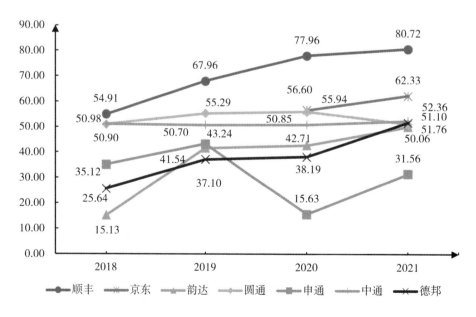

图 2　2018—2021 年上市快递企业社会责任报告得分比较

4.3.2　ESG 不同维度综合得分

将不同年度各个维度的指标得分加总计算企业在环境、社会和治理维度的综合得分，结果如图 3 所示。企业在环境、社会和治理三个维度的综合得分均逐年递增，呈上升趋势。由此可见，近年来上市快递企业逐渐重视 ESG 投入，环境、社会和治理方面实质信息披露逐年改善。

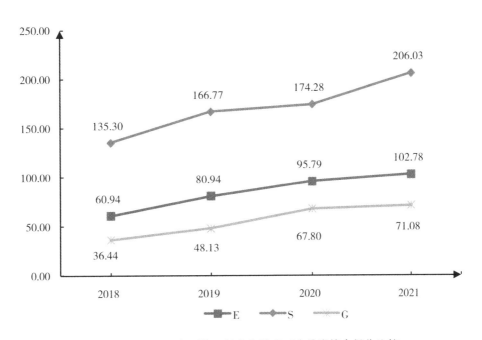

图 3　2018—2021 年环境、社会和治理三个维度综合得分比较

（1）环境维度。"绿色包装"得分最高为 84.8，"包装总量"得分最低为 12.41，具体指标得分如图 4 所示。整体来看定量指标得分不高，因为上市快递企业未能量化披露"温室气体排放量""包装总量""电力消耗量"及"柴油消耗量"等方面信息。

（2）社会维度。"响应国家号召"得分最高为 79.36，"性别比例"得分最低为 15.13，具体指标得分如图 5 所示。可以看出，上市快递企业在"性别比例""投诉满意度""公平晋升""用户隐私与安全"等方面披露信息较少；在"供应商监察"对供应商筛选、采购质量、管理制度等方面进行选择性披露。

（3）治理维度。"数字信息系统治理"得分最高为 62.44，"ESG 管理体系"得分最低为 14.79，具体指标得分如图 6 所示。可以看出，上市快递企业重视数字信息系统的治理责任，而内部三会运作即"董事会""股东大会""监事会"等定量信息披露较少。在"ESG 管理体系"方面，由于 2020 年 7 家上市快递企业才逐渐披露 ESG 管理体系，披露信息量少导致得分低。

4.3.3　强制性、推荐性、创新性指标得分

将不同年度各个指标得分计算后按照强制性、推荐性、创新性三类指标分类汇总如图 7 所示。

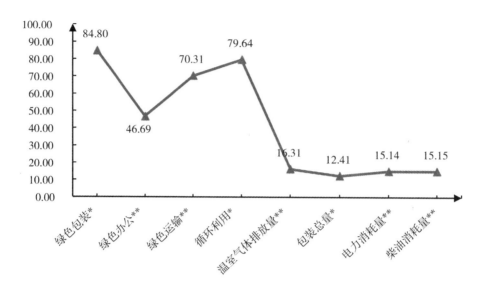

图 4　环境维度不同指标综合得分情况

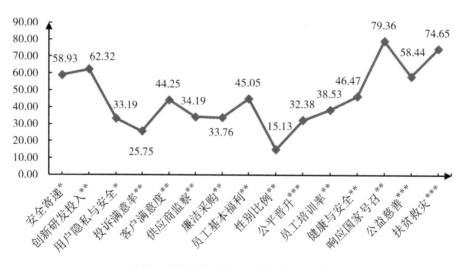

图 5　社会维度不同指标综合得分情况

由此可见，强制性指标中"包装总量"得分最低为 12.41，"绿色包装"得分最高为 84.8。绿色包装得分高是由于报告中对绿色包装规范要求、工作流程、监管体制等多方面进行披露。推荐性指标中"响应国家号召"得分最高为 79.36，"性别比例"得分最低为 15.13。性别比例得分低是由于权重值小且披露该信息的企业少。创新性指标得分相对较高，其中"扶贫救灾"得分最高为 74.65，"公平晋升"得分最低为 32.88。总体来看，上市快递企业对强制性、推荐性、创新性指标的信息披露没有明显倾向，例如强制性指标中"包装总量"得分最低为 12.41，推荐性指标"性别比例"得分最低为 15.13，创新性指标"公平晋升"得分最低为 32.38，但在"绿色包装""响应国家号召""扶贫救灾"等与落实国家政策相关的指标上得分较高，超过 70。

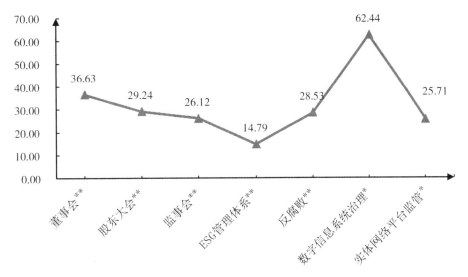

图 6　治理维度不同指标综合得分情况

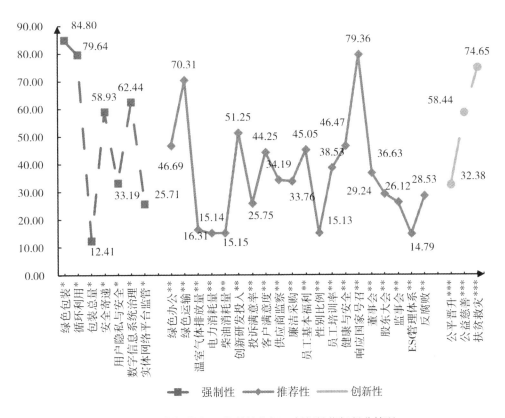

图 7　强制性指标、推荐性指标、创新性指标得分情况

5. 结论与建议

5.1 主要结论

本文在考虑国际国内社会责任和 ESG 标准规范、上市企业社会责任和 ESG 评价指南、邮政行业法规政策和标准规范，以及利益相关者社会责任诉求的基础上，运用 ESG 框架构建上市快递企业社会责任报告实质性评价指标体系。选取 2018—2021 年 7 家上市快递企业年度社会责任报告进行实证研究，利用 AHP-CRITIC 组合权重法确定各项指标权重，汇总计算不同指标综合得分，多角度分析上市快递企业社会责任报告实质内容评价结果。结果表明：

（1）虽然 2018—2021 年 7 家上市快递企业社会责任报告综合得分逐年上升，但整体得分较低，连续 4 年得分均值未达到 60，且不同企业得分差距较大。

（2）环境、社会和治理三个维度综合得分呈逐年上升趋势，同一维度指标之间得分有显著差异，反映报告信息披露侧重点明显，例如环境维度"绿色包装"信息披露充分，得分最高为 84.8，而对于"包装总量"披露信息不足，得分最低为 12.41。

（3）强制性、推荐性和创新性三类指标上市快递企业信息披露没有明显倾向性，与落实国家政策相关的指标得分普遍较高，例如"绿色包装""响应国家号召""扶贫救灾"等。

（4）研究过程发现上市快递企业社会责任报告实质信息选择性披露明显，例如客户满意度只表述表现好的申诉满意度；员工基本福利不区分员工类型掩饰对快递员群体的权益保障；在响应国家号召方面用个案代表总体，"两进一出"政策只披露"快递进村"等。

5.2 相关建议

为提升上市快递企业社会责任报告信息质量，针对实质信息披露不统一、不规范、不充分和选择性披露等问题，本文提出以下几点建议：（1）建立快递行业统一的社会责任报告实质信息披露指标体系，提高报告信息有效性、企业间信息可比性。结合快递行业高质量发展要求，制定企业在环境、社会和治理方面责任信息披露指南。（2）明确不同利益相关者诉求，引导企业实施 ESG 战略，加大环境、社会和治理责任方面的投入，鼓励企业在绿色发展、快递员群体权益保障、ESG 管理体系等方面开展社会责任实践。（3）建立社会责任议题动态调整机制，及时回应社会关切的热点问题，确保实质信息披露满足社会责任相关利益主体多元信息需求，提高社会责任报告的披露价值和社会贡献。

◎ **参考文献**

[1] 鲍晓娜，张舒畅，林琳 . 基于利益相关者视角的战略性企业社会责任践行路径研究 [J]. 学习

与探索，2022（10）.

[2] 陈信健. 践行 ESG 理念推动银行高质量发展 [J]. 中国金融，2020（18）.

[3] 段钊，涂秋阳，胡颖. 上市公司对社会责任的自述"言之有据"吗？——信息披露实据性质量评估方法与实证研究 [J]. 宏观质量研究，2021，9（5）.

[4] 段钊，周红，周辉. 上市公司披露的社会责任信息"通俗易懂"吗？——基于机器学习的可读性质量评估与实证研究 [J]. 宏观质量研究，2022，10（4）.

[5] 桂根生，罗汀. 汽车制造业社会责任报告披露现状研究 [J]. 中国人口·资源与环境，2017，27（S2）.

[6] 郭曼曼，汪怡，李青松. 基于 AHP-CRITIC 权重分析结合正交设计优选宣肺止咳方水提工艺 [J]. 山西中医，2022，38（10）.

[7] 黄珺，汪玉荷，韩菲菲，李云. ESG 信息披露：内涵辨析、评价方法与作用机制 [J/OL]. 外国经济与管理，https：//doi. org/10. 16538/j. cnki. fem. 20221018. 202.

[8] 韩生华，肖可心，林波. 我国出版上市公司 2020 年度社会责任报告研究 [J]. 中国出版，2021（20）.

[9] 郝远. 不执行推荐性标准的后果很严重 [J]. 编辑学报，2019，31（4）.

[10] 刘婉立，宋一凡. 企业社会责任报告质量评价体系构建 [J]. 商业会计，2017（4）.

[11] 刘学之，朱乾坤，高玮璘，孙鑫，尚玥佟. 我国上市化工企业环境信息披露影响因素研究 [J]. 环境保护，2017，45（21）.

[12] 李嘉，温作民. 中国林业企业社会责任的政策支持与披露研究——基于 47 个林业企业的 124 份社会责任报告 [J]. 生态经济，2016，32（12）.

[13] 齐丽云，张碧波，李腾飞. 企业社会责任报告质量评价研究 [J]. 科研管理，2016，37（S1）.

[14] 盛明泉，余璐，王文兵. ESG 与家族企业全要素生产率 [J]. 财务研究，2022（2）.

[15] 肖红军，阳镇. 平台型企业社会责任治理：理论分野与研究展望 [J]. 西安交通大学学报（社会科学版），2020，40（1）.

[16] 肖红军，阳镇，商慧辰. 平台监管的多重困境与范式转型 [J]. 中国人民大学学报，2022，36（4）.

[17] 肖红军，商慧辰. 数字企业社会责任：现状、问题与对策 [J/OL]. 产业经济评论，https：//doi. org/10. 19313/j. cnki. cn10-1223/f. 20221019. 001.

[18] 宋献中，龚明晓. 社会责任信息的质量与决策价值评价——上市公司会计年报的内容分析 [J]. 会计研究，2007（2）.

[19] 吴昊，谭克虎. 快递业对经济社会发展的作用分析 [J]. 经济问题探索，2014（2）.

[20] 许英杰，石颖，阳镇. 治理机制对企业社会责任能力成熟度影响的实证研究 [J]. 经济体制改革，2018（4）.

[21] 闫立东. 我国 ESG 评价体系中环境评价应用的建议 [J]. 环境保护，2019，47（7）.

[22] 尹开国，施婷婷，汪莹莹. 复星医药年度社会责任报告评析 [J]. 财务与会计，2014（11）.

[23] 杨亚西，刘安丰. 中美石油企业社会责任报告比较研究——以中石油与雪佛龙为例 [J]. 财会

通讯，2020（9）.

[24] 袁蓉丽，江纳，刘梦瑶.ESG 研究综述与展望 [J]. 财会月刊，2022（17）.

[25] 张蕙，魏秀丽，王志敏. 中资企业海外社会责任报告质量研究 [J]. 首都经济贸易大学学报，2017，19（6）.

[26] 张梦娟. 运输资源共享的快递企业共同配送策略研究 [D]. 东华大学，2015.

[27] 曾珍香，王梦雅，张早春. 企业社会责任报告质量、表现与治理机制——基于中国上市公司的实证研究 [J]. 软科学，2017，31（10）.

[28] 郑路，刘梦玲，陈宗仕. "权力" 视角下的工作场所侵害——基于 CGSS2015 数据的实证分析 [J]. 社会学研究，2022，37（5）.

[29] Carroll, A. B. A three-dimensional conceptual model of corporate performance [J]. Academy of Management Review, 1979, 4（4）.

[30] Cray, R., Kouhy, R., Lavers, S. Corporate social and environmental reporting: A review of the literature and a longitudinal study of UK disclosure [J]. Accounting, Auditing and Accountability Journal, 1995, 8（2）

[31] Freeman, E. R. The politics of stakeholder theory: Some future directions [J]. Business Ethics Quarterly, 1994, 4（4）.

[32] Freeman, R. Edward. Strategic management: A stakeholder approach [M]. Boston: Pitman, 1984.

[33] Gelb, D. S., Strawser, J. A. Corporate social responsibility and financial disclosures: An alternative explanation for increased disclosure [J]. Journal of Business Ethics, 2011, 33（1）.

[34] Mikkilä, M. Observing corporate social performance empirically through the acceptability concept: A global study [J]. Corporate Social Responsibility & Environmental Management, 2005, 12（4）.

[35] Qi, J. W., Zhang, Y. Z., Chen, J. Q. Research on the evaluation of geological environment carrying capacity based on the AHP-CRITIC empowerment method [J]. Land, 2022, 11（8）.

[36] Trotman, K. T., Bradley, K. L. Associations between social responsibility disclosure and characteristics of companies [J]. Accounting, Organizations and Society, 1981, 4（4）.

Substantive Evaluation of Social Responsibility Reports of Listed Express Companies under ESG Framework

Zhao Huijuan[1]   Guan Ningjing[2]   Wang Huiruonan[3]   Xue Rongna[4]

(1, 2, 3, 4 Modern Postal College, Xi'an University of Posts and Telecommunications, Xi'an, 710012)

Abstract: Substantive evaluation is the core content of quality evaluation of CSR reports. In order to evaluate the substance of the CSR report of listed express delivery companies, the substantive evaluation index system of CSR report of listed express delivery companies was first constructed based on the ESG framework, considering the international and domestic standards and norms of CSR and ESG, the evaluation guidelines of listed enterprises' social responsibility and ESG, the regulations and policies of postal industry and the needs of stakeholders for CSR information. Then an empirical study was conducted on the texts of annual social responsibility reports of 7 listed express companies from 2018 to 2021. The results showed that the overall scores of substantive information disclosure in listed express companies' social responsibility reports were not high and showed an increasing trend year by year, but the scores of different companies had obvious difference. The comprehensive evaluation scores of three dimensions of environment, social and governance increased in different years, but there were significant differences among the indexes of the same dimension. Among the three categories of mandatory, recommended and innovative indicators, the indexes that respond to national policies had significantly higher scores. Further analysis found that some indicators had selective disclosure.

Key words：ESG framework; Listed express delivery companies; Social responsibility report; Substantive evaluation

专业主编：陈立敏

珞珈管理评论
2023 年卷第 1 辑（总第 46 辑）

Luojia Management Review
No. 1, 2023（Sum. 46）

谦卑能提升新任领导入职初期的地位吗？
一项动态研究*

● 武　文[1]　张明玉[2]　杜奇瑛[3]　武少学[4]　陈　冲[5]

（1，2，4，5　北京交通大学经济管理学院　北京　100044；
3　香港城市大学商学院　香港　999077）

【摘　要】现有研究从静态视角证实了领导者谦卑的积极效果，但是鲜有研究注意到领导者谦卑的负面作用。本研究以地位理论为基础，基于动态视角，探究了在新领导入职的前 90 天里，新领导谦卑水平的变化趋势对自身地位的影响及边界条件。对 246 名下属进行为期 14 周的连续调查，结果显示，新领导的谦卑变化趋势通过下属感知支配的变化趋势和感知能力的变化趋势对其地位产生负面影响。本研究进一步发现，前任领导的谦卑能减弱新领导谦卑的变化趋势对下属感知支配的变化趋势的影响。本研究具有重要的理论意义并提供了实践启示。

【关键词】领导者谦卑　领导者更替　感知支配　感知能力　前任领导者
中图分类号：C933　　　　文献标识码：A

1. 引言

新领导需要循序渐进地完成更替，而更替过程一般至少需要 90 天。

——Watkins，2003

现在还不完全清楚……领导者谦卑能产生什么，以及什么会影响它的有效性。

——Owens and Hekman，2012

"新官上任三把火"这一俗语强调新任领导者应该在上任初期展现自身的能力，使得下属信服自己的领导才能，进而提升新任领导的地位并树立权威。理论界也逐渐开始关注领导更替（leadership

---

　　*　基金项目：教育部人文社会科学研究青年项目（项目批准号：20YJC630162）；北京交通大学校科技基金（项目批准号：2018JBWZB003）。

　　通讯作者：陈冲，E-mail：20113079@ bjtu. edu. cn。

transitions）这一特殊阶段领导风格的有效性（梁昊，2022；Zhao et al.，2016）。新任领导的领导有效性，相当程度上取决于下属对其领导能力的认可（Lam et al.，2018）。为了成功胜任新职位，获得下属的认可，领导者似乎应该尽可能地展现出自身的实力。然而，这些结论与中国传统文化备受推崇的"满招损，谦受益"的理念相矛盾。因此，有必要在中国社会和文化背景下探索新领导者的谦卑水平在领导更替过程中的有效性。

谦卑指的是对超越自我的知识和指导的感激（Owens & Hekman，2012）。领导者谦卑是指领导者看待自己的缺点和他人的优点的方式，意味着领导者愿意接受新的想法和反馈（Owens & Hekman，2012；Owens et al.，2013）。与传统的"自上而下式的领导"观点相反，越来越多的学者（Hu et al.，2018；Ou et al.，2018；Owens and Hekman，2012）开始强调"自下而上式的领导"的有效性，并探讨了领导者谦卑的积极结果。这些积极的结果包括：提高员工绩效（Owens & Hekman，2012）、亲社会行为（Owens et al.，2019）、工作投入（Owens et al.，2013）和团队创造力（Hu et al.，2018）。

尽管现有研究发现领导谦卑具有一系列积极的影响，但其消极影响却很少被探讨。一些学者认为，谦卑者总是承认自己的缺点，这似乎与承担的领导角色相矛盾（Bharanitharan et al.，2018）。尤其是在领导更替的情况下，工作充满诸多不确定性，下属们可能会把高度谦卑的新领导视为自我评价和自信心较低的人（Exline & Geyer，2004）。此外，在中国的文化和社会背景下，领导者需要具有一定的权威性，谦卑可能会削弱领导者的权威性和领导有效性。因此，在中国文化背景下研究领导谦卑的负面影响，有助于客观、全面了解领导谦卑的有效性。

目前领导者谦卑研究的另一个不足之处是研究方法主要采用静态视角（Hu et al.，2018；Owens et al.，2019）。随着商业环境的不断变化，领导者也需要不断调整自己的风格。相关研究需要考虑到领导者谦卑不断变化这一现状。领导者需要了解相关角色转换的功能需求（Van Maanen and Schein，1977），并与下属建立恰当的关系，快速地适应新环境（Gabarro，1987）。因此，以往研究所采用的静态视角不能全面捕捉到领导者谦卑的动态变化和影响。

针对以上这些不足之处，本研究挑战了对领导者谦卑纯粹乐观的观点，并构建了在领导更替情境下领导者谦卑如何影响新领导者地位的相关机制。地位理论指出，支配和能力是获得个人地位的两条基本途径，个人地位被定义为"一个人受到他人尊敬或钦佩的程度"（Magee & Galinsky，2008）。据此，本研究把感知支配和感知能力作为新领导者谦卑与地位之间的解释机制。在领导更替的过程中，下属往往会把新领导的风格与旧领导的风格进行比较（Zhao et al.，2016）。因此，本研究也探究了前任领导者谦卑的调节效应。

本研究的理论贡献体现在三个方面：

第一，通过探索领导者谦卑的负面影响丰富了领导者谦卑的文献。本研究发现谦卑程度的提高可能会通过两种途径来降低新领导者的地位——下属感知支配和感知能力的变化趋势，扩展了有关领导者谦卑有效性的研究。

第二，从动态视角扩展了领导者更替的相关研究。本研究收集领导更替初期90天内的数据，捕捉到新领导者的谦卑变化趋势与下属心理变化趋势的动态关系。

第三，丰富了领导者地位的前因研究，拓展了地位理论的应用。本研究率先关注到领导风格的变化趋势对其自身地位的影响并通过实证研究证实了支配和能力是在长期稳定的工作群体中获取地位的两条途径（Cheng et al.，2010）。

2. 理论与假设

2.1 地位、获取路径和领导者谦卑

地位（status）是指一个人在群体中的相对地位或级别，即突出地位和影响力（Cheng et al.，2010；刘智强等，2015）。与权力（power，对社会价值成果或资源的不对称控制，Fiske & Berdahl，2007）或其他类似概念相比，地位有两个特征。第一，地位源于组织或群体中其他成员的客观认可或默许，不是对自己的主观评价。第二，地位产生于一个特定的群体、组织或社会团体。权力为个人提供了更多获取资源的途径，使他们减少了对他人的依赖（Anderson & Brion，2014）。相比之下，地位越高者对其社会环境的关注程度越高，因为社会环境与关系互动有关（Bai，2017）。Djurdjevic 等（2017）认为，个人在工作中的地位是基于他人对其所拥有的尊重、声誉和威望的集体信念。根据地位理论，本研究把新领导的地位定义为新领导在组织中的相对位置，基于下属对他或她的尊重、声誉和威望。

地位理论指出了个体在群体中获得相对地位或级别的途径。支配（dominance）和能力（competence）是获得地位的两条基本途径（Cheng et al.，2013）。一个人的地位来源于他人对其支配和能力的感知（Cheng et al.，2013）。支配指的是威慑和胁迫引起的恐惧（Bendersky & Hays，2012），而能力是指对实现特定任务目标有价值的素质（Anderson & Kilduff，2009）。地位理论认为，个体通过获得尊重、声誉和威望的关键途径来评估目标。具体来说，当一个人的支配和能力得到积极的评价时，就会产生相应的地位。与此相反，当一个人的支配和能力受到负面评价时，其个人地位就会降低（Cheng et al.，2013）。这两种不同的途径在同一社会群体中可以同时有效。Cheng 等（2013）比较了支配和能力，并进行了总结：（1）支配在群体中是有效的；（2）本质上，支配和能力是不相容的；（3）无论有支配的个人还是有能力的个人，即便在直接与他人竞争的情况下，也能获得较高的地位。

谦卑通常被视为一种良好的人格品质，因为它能够促进社会进步（Owens & Hekman，2012）。在组织中，谦卑可以促进积极的行为，包括卓越的绩效和利他行为（Cameron & Caza，2004）。领导者谦卑主要体现在相互依赖的三个方面：（1）愿意客观地接受自我，承认自己的弱点（Hu et al.，2018）；（2）乐于接受新的信息和想法，愿意接受与自己的观点相左的建议甚至批评（Owens et al.，2013）；（3）欣赏他人的优点和贡献（Vera & Rodriguez-Lopez，2004）。已有大量文献证明谦卑风格能体现领导者仁慈的一面，并带来诸多积极效果（刘圣明，2018；Owens & Hekman，2012；Owens & Hekman，2016）。然而，领导者谦卑可能会被下属认为是低自尊、低自我价值的自卑意识或无能的表现（Owens & Hekman，2012）。根据地位理论，领导者过度呈现自身弱点、接受他人想法、欣赏他人

的行为，会被下属认为领导能力不足。下属会将领导者的高度谦卑解读为领导者缺乏资源和条件来形成对他人的威胁和威慑，从而感知到领导者的支配不足；同时，下属认为这样的领导缺乏有价值的素质及能力来完成相应的工作任务，从而感知到领导者的能力不足。自然地，一个不具备支配和能力的领导者便不会获得高水平的尊重、声誉和威望，其在组织中更不会拥有较高的地位。特别是在领导交替这一特殊阶段，新任领导和下属相互不熟悉（Lam et al., 2018；Zhao et al., 2016），下属无从得知新任领导本身的支配和能力，只能短时间通过该领导的行为来判断。领导者的高度谦卑因首因效应在这一情境下会加剧自身地位的降低。此外，领导交替是一个动态过程，新任领导与其下属一般需要90天左右的时间来进行磨合和适应（Watkins, 2003）。由此可知，新领导者谦卑会随着时间而动态变化，也会动态地影响下属的心理反应（感知支配和感知能力），进而对自身地位产生影响。

总之，本研究基于地位理论构建了一个理论模型来探究新领导谦卑的变化趋势如何影响新领导的地位。这种影响通过两种机制产生作用：下属感知支配的变化趋势和感知能力的变化趋势。研究模型如图1所示。

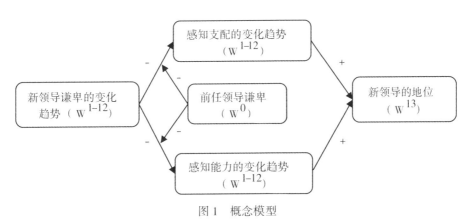

图1　概念模型

注：W^0为领导者更替前一周所测的变量，W^{1-12}为领导入职后前12周所测的变量，W^{13}为领导更替后第13周所测的变量。

2.2　谦卑的变化趋势、支配的变化趋势和新领导地位

领导者谦卑是指领导者愿意承认自己的缺点、欣赏下属的优点和贡献（Hu et al., 2018；Owens et al., 2013）。领导者可能会调整谦卑的程度以适应新的情境（Gabarro, 1987）。当下属的优点受到欢迎时，新的领导者可能会倾向于变得谦卑（Owens & Hekman, 2016）。相反，为了适应一个需要强有力和自信主导的新环境时，领导者会更倾向于表现出较低水平的谦卑（Exline & Geyer, 2004）。因此，在进入新角色的最初90天里，新领导者可能会根据实际需要和不同的情况来调整其谦卑水平（Watkins, 2003）。

支配是依靠引发恐惧的侵略和胁迫获取地位的途径（Chen et al., 2012）。它可以通过威胁减少资源而引起恐惧（Cheng et al., 2013）。基于地位理论，本研究认为新领导谦卑的变化趋势与下属感

知支配的变化趋势呈负相关。

首先，谦卑的领导者欣赏下属的优点，同时也承认自己的缺点；他们还会强调下属的贡献，避免自我中心主义。这种行为在与下属的沟通中体现了领导者对他人的尊重和对自身道德的要求。那些目睹了新领导谦卑程度提高的下属，可能会认可领导展现的尊重态度和道德品质，但是对可能受到领导减少资源威胁的恐惧也会降低。

其次，新领导越是频繁地向下属征求意见，越容易降低下属感知到的领导的支配。在新旧领导更替的过程中，下属往往缺乏对新领导的了解，容易产生不确定性和焦虑情绪（Pfeffer，1977）。当了解到新领导对新信息和新想法持开放态度，同时愿意接受与自身观点相左的建议甚至批评时，下属会产生较少的敬畏感。另外，新领导对他人优点和贡献的客观评价（Vera & Rodriguez-Lopez，2004）可能会让下属相信新领导不会故意刁难他们。这种对新领导的认知会显著地影响他们对领导的态度。随着时间的逐步延长，如果下属察觉到新领导的谦卑程度在不断地上升，下属可能会把这种谦卑的上升理解为领导支配力度的减弱，因为下属对领导的敬畏感会逐渐降低。相反，新领导谦卑下降的迹象可能被下属解读为来自领导的威慑力增强，因此，下属感知的支配有可能增加。综上所述，本研究认为新领导谦卑的降低趋势会导致新领导支配的上升趋势，而新领导谦卑的上升趋势会导致新领导支配的降低趋势。因而，我们假设如下：

H1：新领导者谦卑的变化趋势与下属感知支配的变化趋势呈负相关。

本研究认为下属感知支配的增强可以导致新领导地位的提升。新领导的地位是指新领导在群体中的相对位置（Bai，2017）。根据地位理论，具备支配的领导者能够通过威慑或威胁扣留有价值的资源来对下属造成伤害，并使下属产生恐惧心理（Cheng et al.，2013）。下属在意识到新领导具有威慑或威胁的能力时，会倾向于服从新领导以避免压力（Gould，2003）。下属的这种顺从便赋予了新领导更高的地位。因此，一个具有高支配的领导者通常会获得很高的地位（凌文辁等，2019）。此外，在领导更替期间，由于下属对新领导的个性不够了解，下属更倾向于服从那些有能力给他们施加压力的新领导。让下属感知到支配不断提升的新领导，通常在下属心中具有较高的地位。与此相反，下属感知到领导支配的下降趋势，可能会导致新领导在下属心中地位的降低。

因而，本研究认为新领导谦卑的变化趋势与下属对新领导的感知支配的变化趋势呈负相关。综合假设 H1，本研究提出假设如下：

H2：下属感知支配的变化趋势在新领导谦卑的变化趋势与新领导地位的关系中起中介作用。

2.3 谦卑的变化趋势、能力的变化趋势和新领导地位

地位理论中的能力是指一个人被评价为具备实现特定目标所必需的素质的程度（Anderson & Kilduff，2009）。一般而言，员工普遍喜欢有能力的领导（Lusk et al.，1998）。如果新领导在刚上任期间经常承认自己的弱点，新领导可能被认为能力不足。基于地位理论，本研究预测新领导谦卑的变化趋势会对下属感知的新领导能力的变化趋势有负向影响。

首先，谦卑程度高的新领导倾向于承认下属的优点，这可能会使下属感到领导的能力不足。在领导新上任期间，新领导与下属的关系并不稳定。由于领导与下属之间缺乏沟通，对新领导的信息

获取有限，下属对新领导的了解可能不全面。当下属与新领导没有密切的互动时，他们对新领导的个性和领导风格所知甚少（Pfeffer，1977）。在该情况下，当谦卑的领导赞赏下属的努力、优点和能力时，下属会较高评价自身的技能或能力。

其次，领导者若承认自身的局限性，可能会导致下属认为领导者无能。领导者越多地承认自己的错误和弱点，下属便越容易对新领导产生负面印象（Tangney，2000）。这种对新领导谦卑的负面看法可能会让下属认为，新领导需要依靠他人来胜任其工作。因而，下属很可能会低估新领导的能力，认为领导无法帮助自己和团队实现目标和利益。

最后，新领导谦卑的行为，表现为乐于向他人学习、愿意寻求他人帮助（Ou et al.，2018）。这些谦卑行为容易被下属解读为领导者能力不足。新领导刚上任时，如果其乐于接受新观点的行为倾向越来越强，这可能会被下属理解为新领导越来越需要依赖新观点以适应新工作。在这种情况下，下属往往会不断地低估新领导在实现其目标和利益方面的能力。因此，新领导谦卑程度的提高可能被解释为缺乏相应的技能、能力，从而导致下属感知到领导能力的下降。

综合以上三个原因，新领导谦卑的变化趋势与下属感知的能力变化趋势呈负相关。本研究提出以下假设：

H3：新领导谦卑的变化趋势与下属感知能力的变化趋势呈负相关。

此外，本研究预测下属感知能力的提升会对新领导地位产生正向影响，而新领导谦卑的变化趋势对自身地位的影响会通过下属感知能力变化趋势的中介作用来实现。地位理论指出，下属倾向于服从有能力的领导的意见和决定，从而在心理上认可领导的地位。新领导能力的提升可能会被下属解读为，他们的领导将有足够的能力和素质来实现组织、团队和团队成员的目标。新领导在组织中的地位将得到认可。相比之下，能力较弱的领导者很难获得较高的地位（Cheng et al.，2013）。

下属感知能力的变化趋势在新领导谦卑的变化趋势与地位关系中的中介作用可以解释为：地位理论认为感知能力是个体地位的重要评价维度（Wojciszke et al.，2009）。正如前文所述，新领导者谦卑程度的提升很可能会导致下属对其能力的低估。在这种情况下，下属普遍认为越来越谦卑的领导没有能力支持他们的事业、实现他们的目标。因此，他们不太可能给予表现逐渐无能的领导很高的地位。与此相反，下属可能会对能力日益提升的领导给予尊重，进而授予他们更高的地位。综上所述，本研究提出假设如下：

H4：下属感知能力的变化趋势在新领导谦卑的变化趋势与新领导地位的关系中起中介作用。

2.4 前任领导谦卑的调节作用

不同于权力、名誉等概念，地位是在特定的社会情境中涌现出来的（Bai，2017）。此外，过去的经历在约束个人对当前情景的反应方面发挥着对比的作用（Markman & McMullen，2003）。与积极的过去经历相比，积极的当前经历通常被认为不那么具有吸引力，而消极的当前经历与消极的过去经历相比，被认为不那么令人厌恶（Zhao et al.，2016）。本研究认为前任领导谦卑可以作为对比标准，约束着新领导谦卑的变化趋势与感知支配和感知能力的变化趋势之间的关系。

本研究认为前任领导谦卑能减弱新领导谦卑的变化趋势与下属感知支配的变化趋势之间的负相

关关系。如前文所述，新领导谦卑的上升趋势可能会导致下属感知支配的降低趋势。Ritter 和 Lord（2007）指出当追随者试图了解一个新的、相似的领导者时，前任领导的形象就会被激活。在领导更替过程中，新领导的领导力相较于前任领导的领导力水平会被观察和反应（Zhao et al.，2016）。如果前任领导与新领导的谦卑程度相似，新领导谦卑行为的改变，如对新想法的开放态度和对他人优点的欣赏（Owens et al.，2013），可能会给下属的反应带来较小的变化。具体来说，受前任领导谦卑水平高的工作经历的影响，如果新领导谦卑水平也高，下属会感知新旧两位领导相似，那么下属的感知支配受新领导谦卑水平变化的影响则较小。相反，如果前任领导谦卑程度较低，下属对新领导谦卑的增强会有更强的反应，他们感知支配的降低会得到增强。综上所述，本研究认为新领导谦卑的变化趋势与下属感知支配的变化趋势之间的负相关关系会受到前任领导谦卑的影响。本研究的推理也符合领导力理论，表明某些群体或组织因素可能会削弱领导行为的有效性（Podsakoff et al.，1996）。因此，提出下列假设：

H5：前任领导谦卑弱化了新领导谦卑的变化趋势与下属感知支配的变化趋势之间的负向关系。具体而言，与前任领导谦卑水平低相比，前任领导谦卑水平高时，新领导谦卑的变化趋势对下属感知支配的变化趋势的负向影响会被削弱。

同样，本研究认为新领导谦卑的变化趋势与下属感知能力的变化趋势之间的负相关关系也会被前任领导谦卑削弱。正如前文所讨论的，新领导谦卑的增强变化可能会引发下属感知能力的下降，这是因为谦卑的领导者更有可能暴露自己的错误和弱点。在此情况下，如果前任领导谦卑水平越高，下属对新领导的评价受新领导谦卑水平变化的影响就越小。下属感知新领导能力的下降将会减弱。与此相反，如果前任领导谦卑程度较低，下属对新领导谦卑程度的增强会有更强的反应，他们感知能力的下降会加强。由此，本研究提出以下假设：

H6：前任领导谦卑弱化了新领导谦卑的变化趋势与下属感知能力的变化趋势之间的负向关系。具体而言，与前任领导谦卑水平低相比，前任领导谦卑水平高时，新领导谦卑的变化趋势对下属感知能力的变化趋势的负向影响会被削弱。

3. 研究设计

3.1　研究样本与研究程序

本研究的数据来自中国北方的一家大型运输公司。由于业务的快速扩张，这家公司设立了许多新的工作地并重组了诸多团队。在新领导上任的最初 3 个月（90 天）内，本研究每周对其下属进行数据收集，以了解该期间新领导谦卑的动态变化。

本研究从该公司人力资源部拿到了参与者名单，并给每个人分配了一个独特的研究编码。本研究使用该编码来匹配不同时间段的数据。本研究向所有参与者解释了本次调查的学术目的、研究程序，并告知整个过程是机密和匿名的。本研究为每位参与者准备了一个双面胶带信封。问卷填写完成后，参与者将问卷放入信封，用双面胶带密封，最后直接提交给调研小组。本研究在问卷中提供了调研小组的联系方式，参与者可以直接与研究团队联系，询问任何问题。每参与一次调查，参与者都会收到 10 元人民币的奖励。在新领导上任之前的一周，本研究要求团队成员对他们前任领导的谦卑程度进行评分。新领导上任后，连续 12 周的每周五，本研究要求团队成员对新领导的谦卑程度、感知支配和感知能力进行评分。在新领导上任 3 个月（12 周）结束后的第 13 周，最后由团队成员对新领导的地位进行打分。

最初，有 353 名下属参加调研，最终有 246 名下属完成了全程调研，这 246 名下属来自 117 个团队，他们对自己的团队领导（117 名）进行了评分。参与人员（下属）的平均年龄为 32.17 岁（SD = 5.43），岗位平均任期为 5.83 年。其中，60.60% 为男性。方差分析结果显示，完成所有调查的参与者（n = 246）和未完成的参与者（n = 107）在年龄（$F[1, 351]$ = 2.84，n.s.）、性别（$F[1, 351]$ = 0.02，n.s.）、教育程度（$F[1, 351]$ = 0.71，n.s.）和岗位任期（$F[1, 351]$ = 0.27，n.s.）上无显著差异。117 名团队领导的平均年龄为 40.52 岁（SD = 7.87），70.09% 为男性，76.07% 的教育程度为大专及以上。

3.2　测量量表

本研究使用 7 点李克特量表来测量所有变量，量表的评分由 1（"非常不同意"）到 7（"非常同意"）。本研究按照 Brislin（1986）的翻译和反译程序将所有英文题项翻译成中文。

新领导谦卑：本研究采用 Owens 等（2013）创建的 9 题项谦卑量表，由下属来评估新领导的行为倾向。该量表从三方面进行测量：（1）准确地审视自己；（2）赞赏下属的贡献；（3）展现可教性。例如："我的新领导积极寻求反馈，即使是至关重要的反馈"和"我的新领导承认他或她不知道如何做某一件事"。

感知支配：本研究采用 Cheng 等（2010）的 8 题项支配量表对下属感知的领导支配进行评估。由下属进行评分。示例题项为"我的新领导喜欢控制别人"。

感知能力：下属对新领导的感知能力采用 Judd 等（2005）的 4 题项量表进行测量。由下属进行评分。该量表包括如"你认为你的新领导有多聪明？"的题项。

新领导地位：新领导的地位由下属打分。本研究改编了 Djurdjevic 等（2017）的 5 题项量表。该量表包括如"新任领导在我的组织中有很高的威望"这样的题项。

前任领导谦卑：同测量新领导谦卑一样，本研究采用 Owens 等（2013）创建的 9 题项谦卑量表来评估前任领导的谦卑程度。同样也由下属来进行评分。示例题项有："我的（前任）领导积极寻求反馈，即使是至关重要的反馈"和"我的（前任）领导承认他或她不知道如何做某一件事"。

控制变量：本研究控制了新领导的年龄、性别、教育水平，以及团队规模的影响。

3.3　数据分析

本研究使用潜增长模型（Chan & Schmitt, 2000）和结构方程模型相结合的方法进行数据分析。

所有模型均使用软件 Mplus 8.3 进行估计（Muthén & Muthén, 2017）。另外，结果变量（即新领导地位）的组内相关系数的值很低（ICC1 = 0.12），这表示结果变量只有约 12% 的方差是出于不同团队组别因素的影响。同时，方差分析结果显示参与人员所处的团队组别对结果变量没有显著影响（F [116，129] = 1.28，p = 0.09）。因此，本研究仅专注于对参与人员的单层面数据分析。

在运用潜增长模型估计新领导谦卑、下属感知支配和下属感知能力的变化趋势之前，本研究遵循 Vandenberg 和 Lance（2000）的建议对所有变量进行了跨越 12 个时间段的 4 次测量不变性测试（即形态不变性、计量不变性、尺度不变性和因子方差不变性）。在所有情况下，当附加约束条件时，模型拟合保持稳定，表明测量不变性的假设是成立的。

然后，本研究使用潜增长模型来研究变化趋势的形成，通过同时估计新领导谦卑、下属感知支配和下属感知能力的线性和非线性模型来实现（Kammeyer-Mueller et al., 2013）。首先，本研究通过将 3 个变量的截距因子（即变量的初始水平）系数设置为 1，以及斜率因子（即变量的发展变化趋势）设置为 0~11，与 12 周的调查相对应，从而拟合线性模型。线性模型拟合效果良好（X^2 [639] = 2141.16，RMSEA = 0.10，CFI = 0.90，SRMR = 0.07）。然而，当对每个变量分别指定二次增长变化趋势时，这些非线性模型却不能收敛。因此，本研究保留了线性模型。

为了检验假设，本研究遵循 Simon 等（2019）的程序，估计了两种模型。首先，本研究构建了一个中介模型，在此模型中，新领导谦卑的变化趋势分别对下属感知支配的变化趋势、下属感知能力的变化趋势和新领导地位进行预测。接着，下属感知支配的变化趋势和下属感知能力的变化趋势这两个变量依次被建模为新领导地位的预测因子。同时，我们对控制变量进行总均值中心化处理，并预测两个中介变量（即下属感知支配的变化趋势和感知能力的变化趋势）以及结果变量（即新领导地位）。除了调节路径不同以外，两种模型均相同。对调节变量（前任领导谦卑）进行了总均值中心化处理。然后，本研究加入前任领导者谦卑以及新领导谦卑的变化趋势与前任领导者谦卑的交互项来分别预测两个中介变量。此外，在第一个模型中，本研究控制了新领导谦卑的初始水平对下属感知支配、感知能力的初始水平以及对新领导地位的影响。在第二个模型中，本研究控制了前任领导谦卑对各控制变量（即初始水平）的调节作用。

3.4 结果

研究变量的描述性统计、信度和相关系数及信度系数如表 1 所示。对角线的左下三角矩阵为各个调查时间段的个体间（between-person）平均相关性系数，右上数值为个体内（within-person）的平均相关性系数。

表 1   变量的均值、标准差、相关系数及信度系数

变 量	均值	组间 SD	组内 SD	1	2	3	4	5
1. 新领导谦卑	5.41	1.37	1.48	**0.98**	-0.29**	-0.23**		
2. 感知支配	3.88	1.25	1.35	-0.28**	**0.98**	0.36**		

续表

变　量	均值	组间 SD	组内 SD	1	2	3	4	5
3. 感知能力	3.87	1.24	1.46	-0.26**	0.44**	**0.96**		
4. 新领导地位	3.53	1.59		-0.19**	0.55**	0.53**	**0.93**	
5. 前任领导谦卑	4.40	1.18		-0.13*	0.40**	0.16*	0.20**	**0.90**

注：对角线左下方的数值表示重复测量的各个调查时间段个体间（between-person）的平均相关性系数；对角线右上方的数值代表各个调查时间段个体内（within-person）的平均相关性系数；表格中对角线上加粗的数值为内部一致性信度（Alpha 系数）；$N=246$，* 代表 $p<0.05$，** 代表 $p<0.01$。

如表 2 所示，新领导谦卑、下属感知支配和下属感知能力的平均增长变化趋势是显著的且为负向，表明在 12 周的时间内，新领导谦卑、下属感知支配和下属感知能力在整体样本上呈下降趋势。3 个变量在初始水平和增长变化趋势上的个体间方差是显著的，因此这些变量可以作为个体间结果差异的预测因子。

表 2　　　　　　　　　　　　　　潜增长模型参数估计

变　量	新领导谦卑	感知支配	感知能力
平均初始水平	5.50**	3.96**	4.33**
初始水平的差异	2.00**	1.58**	2.35**
平均增长变化趋势	-0.01*	-0.01*	-0.09**
增长变化趋势的差异	0.01**	0.01**	0.02**
协方差（初始水平与增长变化趋势）	-0.03**	-0.02*	-0.12**

注：$N=246$，* 代表 $p<0.05$，** 代表 $p<0.01$。

表 3 显示了新领导谦卑的变化趋势与下属感知支配的变化趋势和感知能力的变化趋势之间的关系。本研究在假设 H1 和假设 H3 中分别认为，在新领导上任 90 天内，新领导谦卑的变化趋势与下属感知支配的变化趋势和感知能力的变化趋势呈负相关。表 3 显示，新领导谦卑的变化趋势与下属感知支配的变化趋势呈显著负相关（$\gamma = -0.51$，$p < 0.01$），与下属感知能力的变化趋势也呈显著负相关（$\gamma = -0.28$，$p < 0.05$）。因此，假设 H1 和假设 H3 得到支持。

表 3　　　　　　　　　　感知支配、感知能力和新领导地位的预测因子

变　量	感知支配的 变化趋势	感知支配的 初始水平	感知能力的 变化趋势	感知能力的 初始水平	新领导地位
新领导年龄	-0.00 (0.00)	0.00 (0.01)	-0.00 (0.00)	0.02 (0.01)	-0.01 (0.01)

续表

变　　量	感知支配的变化趋势	感知支配的初始水平	感知能力的变化趋势	感知能力的初始水平	新领导地位
新领导性别	-0.01 (0.01)	0.12 (0.18)	0.01 (0.02)	-0.00 (0.22)	-0.03 (0.19)
新领导教育水平	-0.01 (0.01)	0.04 (0.11)	0.00 (0.01)	-0.12 (0.13)	-0.04 (0.12)
团队规模	0.00 (0.00)	0.02 (0.04)	0.00 (0.00)	0.04 (0.04)	0.07* (0.03)
新领导谦卑的变化趋势	-0.51** (0.10)		0.28* (0.13)		3.24 (1.63)
新领导谦卑的初始水平		-0.26** (0.07)		-0.25** (0.08)	-0.00 (0.08)
感知支配的变化趋势					4.13* (1.89)
感知支配的初始水平					0.50** (0.10)
感知能力的变化趋势					2.74* (1.21)
感知能力的初始水平					0.48** (0.11)

注：$N=246$，性别：1=男性，0=女性；教育水平：1=高中；2=大专；3=本科及以上。* 代表 $p<0.05$，** 代表 $p<0.01$。

假设 H2 和假设 H4 提出，下属感知支配的变化趋势和感知能力的变化趋势分别中介了新领导谦卑的变化趋势和新领导地位之间的关系。为了检验中介效应，本研究在 R 软件中采用 Monte Carlo 模拟分析了 20000 个样本（95%置信区间）。新领导谦卑的变化趋势通过下属感知支配的变化趋势对新领导地位产生的间接影响是显著的（间接效应 = -2.13，95%CI = [-4.08，-0.36]）。与此相同，新领导谦卑的变化趋势通过下属感知能力的变化趋势对新领导地位的间接影响也是显著的（间接效应 = -0.75，95%CI = [-1.88，-0.01]）。因此，假设 H2 和假设 H4 得到了数据支持。

假设 H5 提出前任领导谦卑水平会减弱新领导谦卑的变化趋势与下属感知支配的变化趋势之间的负向关系。具体而言，当前任领导谦卑水平高时（与前任领导谦卑水平低时相比），新领导谦卑的变化趋势对下属感知支配的变化趋势的负向影响会被削弱。如表 4 所示，新领导谦卑的变化趋势与前任领导谦卑的交互项对下属感知支配的变化趋势影响显著（$\gamma = 0.12$，$p < 0.05$）。本研究使用 Dawson（2014）、Aiken 和 West（1991）的方法绘制了交互图。本研究首先将调节变量分为高

（+1SD）和低（–1SD）两组，然后检验简单斜率的显著性水平（详见图2）。简单斜率分析表明，不论前任领导谦卑是高水平（$\gamma = -0.35$，$p < 0.01$）还是低水平（$\gamma = -0.64$，$p < 0.01$），新领导谦卑的变化趋势与下属感知支配的变化趋势之间均存在显著的负向关系。但是，与前任领导谦卑水平低时相比，当前任领导谦卑水平高时，随着新领导谦卑的变化趋势的增强，新领导谦卑的变化趋势对下属感知支配的变化趋势的负向影响会逐渐减弱；且这两个斜率（前任领导谦卑高水平和低水平）的差异显著（$\gamma = 0.29$，$p < 0.05$）。总之，新领导谦卑的变化趋势与下属感知支配的变化趋势之间的负向关系在前任领导谦卑水平高时（与前任领导谦卑水平低相比）会被减弱，从而证明假设 H5成立。

表4　　　　　　　　　　　　　　　前任领导谦卑的调节效应

变　量	感知支配的变化趋势	感知能力的变化趋势
新领导年龄	0.00（0.00）	–0.00（0.00）
新领导性别	–0.01（0.01）	0.00（0.02）
新领导教育水平	–0.01（0.01）	0.00（0.01）
团队规模	0.00（0.00）	0.00（0.00）
新领导谦卑的变化趋势	–0.50**（0.06）	–0.25*（0.10）
前任领导谦卑	0.01*（0.00）	0.01（0.01）
新领导谦卑的变化趋势×前任领导谦卑	0.12*（0.05）	–0.07（0.09）

注：$N = 246$，性别：1=男性，0=女性；教育水平：1=高中；2=大专；3=本科及以上。* 代表 $p < 0.05$，** 代表 $p < 0.01$。

假设 H6 提出前任领导谦卑水平会减弱新领导谦卑的变化趋势与下属感知能力的变化趋势之间的负向关系。由表4可知，新领导谦卑的变化趋势与前任领导谦卑的变化趋势的交互项对下属感知能力的变化趋势影响不显著（$\gamma = -0.07$，$p = 0.42$），因此假设 H6 不被支持。

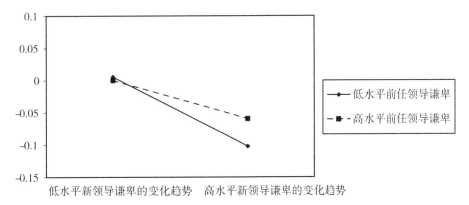

图2　前任领导谦卑对新领导谦卑的变化趋势与下属感知支配的变化趋势关系的调节作用

4. 结论与讨论

4.1 研究结论

本研究探究了在新领导上任的最初 90 天内，新领导谦卑的变化趋势如何影响自身地位及前任领导谦卑的调节效应。本研究构建了一个理论框架来探讨新领导谦卑的变化趋势如何影响在领导更替过程中的地位。首先，本研究发现新领导谦卑的变化趋势与下属感知支配的变化趋势和感知能力的变化趋势呈负相关。新领导谦卑的变化趋势通过下属感知支配变化趋势和感知能力变化趋势的中介作用对领导地位产生影响。与预期不一致的是，前任领导谦卑会减弱新领导谦卑的变化趋势与下属感知能力的变化趋势之间的负向关系这一假设（假设 H6）未能得到验证。支配相对来说更多的是体现目标对象的态度，而目标对象的能力相对来说要更客观些，受到其他因素的影响，比如过去的任职公司的知名度、过去的业绩及高层领导的重视等。这些因素可能导致前任领导谦卑没有对新领导的能力产生显著的调节作用。

此外，前任领导谦卑会减弱新领导谦卑的变化趋势对下属感知支配的变化趋势的负面影响。本研究的发现为地位理论和领导者谦卑研究提供了一些重要的理论启示。

4.2 研究的理论意义

本研究对现有研究有四个方面的贡献：

第一，本研究扩展了对领导者谦卑在领导更替情境下有效性的现有理解。已有研究表明，领导者谦卑可以促进下属的积极成果，包括工作投入、心理安全和任务绩效（Owens & Hekman, 2012；Owens et al., 2013；Owens et al., 2019）。谦卑在多大程度上对领导者和团队有益，这可能与具体情况有关，然而很少有实证研究探讨领导者谦卑的负面影响。本研究的实证结果显示，新领导谦卑的增强会通过降低下属感知支配和感知能力的变化来降低新领导自身的地位。下属可能会将领导者谦卑与对领导的低评价和缺乏权威的感知联系在一起（Exline & Geyer, 2004；Hu et al., 2018）。本研究的发现与领导风格或方法的有效性取决于所处情境的论点（Hersey, 1984）相一致。从此意义上而言，本研究挑战了单纯关注领导者谦卑带来积极效果的传统观点。本研究率先发现在领导更替的特殊情境中，新领导谦卑的变化趋势会对自身地位带来消极影响，这为探究领导谦卑的负面结果提供了初步的尝试。

第二，本研究扩展了谦卑的相关理论，揭示了前任领导谦卑在新领导谦卑的变化趋势对下属感知支配的变化趋势的影响中所起的调节作用。影响领导者谦卑有效性的条件仍然未能得到充分的探索（Owens & Hekman, 2012）。本实证结果表明，当前任领导谦卑水平较高时，新领导谦卑的变化趋势与下属感知支配的变化趋势之间的负向关系会被削弱。因此，本研究扩展了哪些因素可能会减缓或加剧领导者谦卑有效性的理解。

第三，本研究提供了动态视角来加深对领导更替过程的理解。由于领导更替是一个动态的过程（Zhao et al.，2016），静态的研究方法不足以准确地了解在彼此关系不稳定的情况下，新领导的谦卑倾向对下属心理的影响。本研究捕捉了新领导上任的最初 90 天内下属心理的动态变化（即感知支配的变化趋势和感知能力的变化趋势）及其与新领导谦卑的变化趋势之间的关系。以往关于领导者更替的文献并未关注领导风格与下属反应两者随时间变化而产生的动态关系。本研究以动态的视角扩展了现有领导更替的研究。

第四，本研究从两方面对地位理论做出了贡献。首先，仅有少数研究探索了支配和能力的决定因素（Cheng et al.，2010）。尽管一些学者（Buttermore，2006）试图明晰领导特质与地位之间的关系，但很少有研究关注领导风格对地位的影响。本研究发现，新领导谦卑的变化趋势可以影响领导支配和能力的变化趋势，这在一定程度上丰富了它们的前因变量。其次，支配与能力并存的问题在实证研究中还未能得到证实。事实上，一些学者（Cheng et al.，2013）承认，直接检验两种路径在同一社会群体中是否同时有效是至关重要的。特别地，在组织中支配的可行性一直受到质疑，支配被认为是人们"协商"他们在社会等级中的相对地位的"默认"途径。通过实证研究，本研究发现在稳定的社会群体中，支配和能力是共存的。

4.3　研究的实践意义

本研究提供了重要的实践意义。首先，新领导应该意识到，强化谦卑行为并不总是一件好事。根据本研究结果，在上任最初 90 天里，新领导谦卑的增强会降低他们自身的地位。为了获得或提高工作场所的地位，新领导应该调整谦卑的领导行为。具体来说，新领导应该避免过多地承认自己的缺点、接受批评和赞赏他人的贡献，否则会让下属认为新领导没有足够的支配和能力来领导他们，从而使得新领导无法获得应有的高地位。

其次，本研究发现前任领导谦卑水平会调节新领导谦卑的变化趋势与下属感知支配的变化趋势之间的关系。本研究建议，在领导交替过程中，高管和人力资源主管需要考虑前任领导的领导风格。在任命新领导时，比较一下新旧领导之间差异或相似之处会是一个好主意，这样可以减少甚至避免新领导与下属之间的紧张关系。

最后，组织可以帮助新领导运用谦卑行为来更好地管理下属团队。如前所述，新领导谦卑程度的增强可能会被下属视为无能的表现。因为谦卑的领导倾向于承认自己的错误并寻求他人的帮助，此时，谦卑可能会降低下属感知到的新领导的能力。因此，组织应该对新领导进行培训，提醒他们适当调整自己的领导风格。此外，组织可以要求员工对新领导的领导有效性做出反馈。当新领导的领导力不起作用时，高层领导或人力资源总监可以采取一些干预措施。

4.4　研究不足及未来展望

本研究存在若干局限性，有待未来的研究深入探索。首先，虽然本研究讨论了下属感知支配和能力变化趋势的中介作用，但新领导谦卑的变化趋势对下属工作行为的影响仍然存在多种机制。例如，基于社会认知理论（Bandura，2011），研究人员可以探索新领导谦卑的变化趋势是否会对下属心理安全变化趋势产生积极影响（Nembhard & Edmondson，2006）。未来的研究应该探索更多的新领导谦卑影响员工工作行为和绩效的机制。此外，本研究聚焦新领导上任的最初 90 天，基于地位理论我们认为本研究的模型及结论在 90 天后仍然能发挥作用，未来的研究可将我们的模型延长到 90 天后以进一步验证。

其次，尽管本研究已经探究了前任领导谦卑水平的调节作用，但仍然有可能存在其他变量调节这些影响。已有研究探索了消极情感（Tepper et al.，2006）和前任领导情感承诺的作用（Émilie et al.，2013），因而可能会产生以下情况，对前任领导有高情感承诺的员工很可能会对新领导产生抵触情绪，拒绝服从他们的领导。

最后，本研究的假设和发现需要在其他文化背景中进一步验证。本研究收集了来自中国的数据，在中国，权力距离是领导和下属之间互动的一个重要影响因素（Hofstedeet al.，2002）。因此，在中国文化背景下新领导谦卑可能会对企业管理产生不利影响。西方文化背景下，上下级之间权力距离较小，因此领导者谦卑的负面影响可能会有所不同。因而，未来的研究应该纳入多样化的文化背景。

◎ **参考文献**

[1] 梁昊. 变革型领导更替一定会影响员工主动行为吗？[J]. 华东经济管理，2022，36（11）.

[2] 凌文辁，李锐，聂婧，等. 中国组织情境下上司—下属社会交换的互惠机制研究——基于对价理论的视角 [J]. 管理世界，2019，35（5）.

[3] 刘圣明，陈力凡，王思迈. 满招损，谦受益：团队沟通视角下谦卑型领导行为对团队创造力的影响 [J]. 心理学报，2018，50（10）.

[4] 刘新梅，姚进，陈超. 谦卑型领导对员工创造力的跨层次影响研究 [J]. 软科学，2019，33（5）.

[5] 刘智强，李超，廖建桥，等. 组织中地位、地位赋予方式与员工创造性产出——来自国有企事业单位的实证研究 [J]. 管理世界，2015，（3）.

[6] Aiken，L. S.，West，S. G. Multiple regression：Testing and interpreting interactions [M]. Newbury Park：London，Sage，1991.

[7] Anderson，C.，Brion，S. Perspectives on power in organizations [J]. Annual Review of Organizational Psychology and Organizational Behavior，2014，1（1）.

[8] Anderson，C.，Kilduff，G. J. The pursuit of status in social groups [J]. Current Directions in Psychological Science，2009，18（5）.

[9] Bai，F. Beyond dominance and competence：A moral virtue theory of status attainment [J]. Personality and Social Psychology Review，2017，21（3）.

[10] Bandura，A. A social cognitive perspective on positive psychology [J]. Revista De Psicología Social，2011，26（1）.

[11] Bendersky，C.，Shah，N. P. The cost of status enhancement：Performance effects of individuals'

status mobility in task groups [J]. Organization Science, 2012, 23 (2).

[12] Bharanitharan, K. , Chen, Z. X. , Bahmannia, S. , et al. Is leader humility a friend or foe, or both? An attachment theory lens on leader humility and its contradictory outcomes [J]. Journal of Business Ethics, 2019, 160 (3).

[13] Brislin, R. W. The wording and translation of research instruments [M] // W. J. Lonner and J. W. Berry, Eds. Field methods in cross-cultural research. Beverly Hills, CA: Sage, 1986.

[14] Buttermore, N. Distinguishing dominance and prestige: Validation of a self-report scale [C]. poster presented at the Annual Meeting of the Human Behavior and Evolution Society. Philadelphia, PA, 2006.

[15] Cameron, K. S. , Caza, A. Introduction: Contributions to the discipline of positive organizational scholarship [J]. American Behavioral Scientist, 2004, 47 (6).

[16] Chan, D. , Schmitt, N. Interindividual differences in intraindividual changes in proactivity during organizational entry: A latent growth modeling approach to understanding newcomer adaptation [J]. Journal of Applied Psychology, 2000, 85 (2).

[17] Chen, Y. , Peterson R. S. Phillips D. J. , et al. Introduction to the special issue: Bringing status to the table-attaining, maintaining, and experiencing status in organizations and markets [J]. Organization Science, 2012, 23 (2).

[18] Cheng, J. T. , Tracy, J. L. , Foulsham, T. , et al. Two ways to the top: Evidence that dominance and prestige are distinct yet viable avenues to social rank and influence [J]. Journal of Personality and Social Psychology, 2013, 104 (1).

[19] Cheng, J. T. , Tracy, J. L. , Henrich, J. Pride, personality, and the evolutionary foundations of human social status [J]. Evolution and Human Behavior, 2010, 31 (5).

[20] Dawson, J. F. Moderation in management research: What, why, when, and how [J]. Journal of Business and Psychology, 2014, 29 (1).

[21] Djurdjevic, E. , Stoverink, A. C. , Klotz, A. C. , et al. Workplace status: The development and validation of a scale [J]. Journal of Applied Psychology, 2017, 102 (77).

[22] Émilie, L. , Vandenberghe, C. , Boudrias, J. S. Psychological contract breach, affective commitment to organization and supervisor, and newcomer adjustment: A three-wave moderated mediation model [J]. Journal of Vocational Behavior, 2013, 83 (3).

[23] Exline, J. J. , Geyer, A. L. Perceptions of humility: A preliminary study [J]. Self and Identity, 2004, 3 (2).

[24] Fiske, S. T. , Berdahl, J. L. Social power [M] // A. W. Kruglanski and E. T. Higgins, Eds. Social psychology: A handbook of basic principles . New York, NY: Guildford, 2007.

[25] Gabarro, J. J. The dynamics of taking charge [M]. Cambridge, MA: Harvard Business Press, 1987.

[26] Gould, R. V. Collision of wills: How ambiguity about social rank breeds conflict [M]. Chicago, IL: University of Chicago Press, 2003.

［27］ Hersey, P. The situational leader ［M］. New York: Warner Books, 1984.

［28］ Hofstede, G. , Van Deusen, C. A. , Mueller, C. B. , et al. What goals do business leaders pursue? A study in fifteen countries ［J］. Journal of International Business Studies, 2002, 33 (4).

［29］ Hu, J. , Erdogan, B. , Jiang, K. , et al. Leader humility and team creativity: The role of team information sharing, psychological safety, and power distance ［J］. Journal of Applied Psychology, 2018, 103 (3).

［30］ Judd, C. M. , James-Hawkins, L. , Yzerbyt, V. , et al. Fundamental dimensions of social judgment: Understanding the relations between judgments of competence and warmth ［J］. Journal of Personality and Social Psychology, 2005, 89 (6).

［31］ Kammeyer-Mueller, J. , Wanberg, C. , Rubenstein, A. , et al. Support, undermining, and newcomer socialization: Fitting in during the first 90 days ［J］. Academy of Management Journal, 2013, 56 (4).

［32］ Lam,W. , Lee, C. , Taylor, M. S. , et al. Does proactive personality matter in leadership transitions? Effects of proactive personality on new leader identification and responses to new leaders and their change agendas ［J］. Academy of Management Journal, 2018, 61 (1).

［33］ Lusk, J. , MacDonald, K. , Newman, J. R. Resource appraisals among self, friend and leader: Implications for an evolutionary perspective on individual differences ［J］. Personality and Individual Differences, 1998, 24 (5).

［34］ Magee, J. C. , Galinsky, A. D. Social hierarchy: The self-reinforcing nature of power and status ［J］. Academy of Management Annals, 2008, 2 (1).

［35］ Markman, K. D. , McMullen, M. N. A reflection and evaluation model of comparative thinking ［J］. Personality and Social Psychology Review, 2003, 7 (3).

［36］ Muthén, L. K. , Muthen, B. Mplus user's guide: Statistical analysis with latent variables ［M］. Muthén and Muthén, 2017.

［37］ Nembhard, I. M. , Edmondson, A. C. Making it safe: The effects of leader inclusiveness and professional status on psychological safety and improvement efforts in health care teams ［J］. Journal of Organizational Behavior, 2006, 27 (7).

［38］ Ou, A. Y. , Waldman, D. A. , Peterson, S. J. Do humble CEOs matter? An examination of CEO humility and firm outcomes ［J］. Journal of Management, 2018, 44 (3).

［39］ Owens, B. P. , Hekman, D. R. Modeling how to grow: An inductive examination of humble leader behaviors, contingencies, and outcomes ［J］. Academy of Management Journal, 2012, 55 (4).

［40］ Owens, B. P. , Hekman, D. R. How does leader humility influence team performance? Exploring the mechanisms of contagion and collective promotion focus ［J］. Academy of Management Journal, 2016, 59 (3).

［41］ Owens, B. P. , Johnson, M. D. , Mitchell, T. R. Expressed humility in organizations: Implications for performance, teams, and leadership ［J］. Organization Science, 2013, 24 (5).

［42］ Owens, B. P. , Yam, K. C. , Bednar, J. S. , et al. The impact of leader moral humility on follower moral self-efficacy and behavior ［J］. Journal of Applied Psychology, 2019, 104 (1).

［43］ Pfeffer, J. The ambiguity of leadership ［J］. Academy of Management Review, 1977, 2 (1).

［44］ Podsakoff, P. M. , MacKenzie, S. B. , Bommer, W. H. Meta-analysis of the relationships between Kerr and Jermier's substitutes for leadership and employee job attitudes, role perceptions, and performance ［J］. Journal of Applied psychology, 1996, 81 (4).

［45］ Ritter, B. A. , Lord, R. G. The impact of previous leaders on the evaluation of new leaders: An alternative to prototype matching ［J］. Journal of Applied Psychology, 2007, 92 (6).

［46］ Simon, L. S. , Bauer, T. N. , Erdogan, B. , et al. Built to last: Interactive effects of perceived overqualification and proactive personality on new employee adjustment ［J］. Personnel Psychology, 2019, 72 (2).

［47］ Tangney, J. P. Humility: Theoretical perspectives, empirical findings and directions for future research ［J］. Journal of Social and Clinical Psychology, 2000, 19 (1).

［48］ Tepper, B. J. , Duffy, M. K. , Henle, C. A. , Lambert, L. S. Procedural injustice, victim precipitation, and abusive supervision ［J］. Personnel Psychology, 2006, 59 (1).

［49］ Van Maanen, J. E. , Schein, E. H. Toward a theory of organizational socialization ［M］. Greenwich: JAI Press, 1977.

［50］ Vandenberg, R. J. , Lance, C. E. A review and synthesis of the measurement invariance literature: Suggestions, practices, and recommendations for organizational research ［J］. Organizational Research Methods, 2000, 3 (1).

［51］ Vera, D. , Rodriguez-Lopez, A. Strategic virtues: Humility as a source of competitive advantage ［J］. Organizational Dynamics, 2004, 33 (4).

［52］ Watkins, M. The first 90 days: Critical success strategies for new leaders at all levels ［M］. Harvard Business School Press, 2003.

［53］ Wojciszke, B. , Abele, A. E. , Baryla, W. Two dimensions of interpersonal attitudes: Liking depends on communion, respect depends on agency ［J］. European Journal of Social Psychology, 2009, 39 (6).

［54］ Zhao, H. H. , Seibert, S. E. , Taylor, M. S. , et al. Not even the past: The joint influence of former leader and new leader during leader succession in the midst of organizational change ［J］. Journal of Applied Psychology, 2016, 101 (12).

Will Humility Demote New Leaders' Status in the First 90 Days of Leader Transition?

A Dynamic Perspective

Wu Wen[1]　Zhang Mingyu[2]　Du Qiying[3]　Wu Shaoxue[4]　Chen Chong[5]

(1, 2, 4, 5　School of Economics and Management, Beijing Jiaotong University, Beijing, 100044;

3　Business School, City University of Hong Kong, Hong Kong, 999077)

Abstract: Existing research has confirmed the positive effects of leader humility from a static perspective, whereas the negative consequences of leader humility have rarely been explored, and here is a lack of dynamic empirical perspective. Building on status theory, with a dynamic perspective, we focus on how and when trajectory in new leaders' humility demotes their status in the first 90 days of leader transition. Results from a 14-week survey with a sample of 246 subordinates reveal that trajectory in new leaders' humility has a negative influence on their status through the mediation of trajectories in dominance and competence perceived by subordinates. We further find that former leaders' humility can attenuate the influence of trajectory in new leaders' humility on trajectory in subordinates' perceived dominance. Significant theoretical and practical implications are discussed.

Key words：Leader humility；Leadership transitions；Dominance；Competence；Former leader

专业主编：杜旌

珞珈管理评论

2023 年卷第 1 辑（总第 46 辑）

Luojia Management Review

No. 1，2023（Sum. 46）

感知家庭支持型主管行为一致性与工作绩效：
领导—成员交换的作用[*]

● 于桂兰[1]　邱迅杰[2]

（1，2　吉林大学商学与管理学院　长春　130012）

【摘　要】本研究从主管—员工二元视角出发，结合相似—吸引理论和社会交换理论，分析了感知家庭支持型主管行为一致性对工作绩效的影响以及领导—成员交换的中介作用。通过运用多项式回归与响应面分析对两阶段 69 份主管与 318 份员工配对数据进行分析，结果显示：与"主管低—员工低"相比，"主管高—员工高"感知家庭支持型主管行为时的领导—成员交换质量更高；与"主管高—员工低"相比，"主管低—员工高"感知家庭支持型主管行为时的领导—成员交换质量更高；主管—员工感知家庭支持型主管行为一致性通过领导—成员交换正向影响任务绩效和关系绩效。

【关键词】感知家庭支持型主管行为一致性　领导—成员交换　任务绩效　关系绩效

中图分类号：C93　　　　文献标识码：A

1. 引言

随着数智化时代的到来，员工的工作方式也发生巨大变化。因此，如何帮助员工实现工作家庭平衡成为组织亟待解决的重要问题。在此背景下，以帮助员工履行家庭责任为特征的家庭支持型主管行为（Family Supportive Supervisor Behavior，FSSB）得到广泛关注（李超平等，2022；Marcello et al.，2018）。其中，FSSB 是指主管表现出的帮助员工处理工作和家庭关系的行为（马红宇等，2016；Hammer et al.，2009）。目前，学者们围绕 FSSB 理论机制和作用效果等展开了一系列的研究，取得了丰硕的成果。具体而言，研究发现 FSSB 可以实现工作—家庭增益（Vaziri et al.，2022）、提升员工的工作绩效（Rofcanin et al.，2018），以及增强员工的工作幸福感等（Walsh et al.，2019）。这些研究主要从员工角度出发，并普遍假定员工和主管对 FSSB 的感知是准确和一致的（Yu et al.，2022）。

---

* 基金项目：国家社会科学基金重大项目"中国参与制定国际劳工标准新规则研究"（项目批准号：19ZDA136）。

通讯作者：邱迅杰，E-mail：654501470@ qq. om。

然而，Crain 和 Stevens（2018）却对此提出了质疑，并指出员工和主管对 FSSB 的感知是否准确和一致，仍需进一步探究。事实上，一方面，由于仅能观察到主管的部分行为或受其他偏见动机的影响（有意提供夸大领导评分，以避免受到惩罚），员工往往会低估或高估主管行为的影响；另一方面，受自我增强偏差（self-enhancement bias）的影响，一些主管可能会夸大自我评价。同时，由于缺乏自信心或自我效能感较低，部分主管往往会低估自身行为的影响（Lee & Carpenter, 2018; Tekleab et al., 2008）。因此，关于主管展现的领导行为，员工与主管的感知可能并非完全一致和准确。在此背景下，"自我—他人一致性"（self-other agreement）研究范式逐渐兴起，例如，Carter 等（2019）从自我—他人双边视角出发，探究了两者评价的结构维度（initiating structure）与关怀维度（consideration）一致性（高—高、低—低、高—低和低—高）如何影响经理离职。进一步，Hammer 等（2009）指出 FSSB 是二元的，其作用取决于主管与员工之间的互动，即主管与员工双方共同塑造了 FSSB 所产生的影响。

综上，以往关于 FSSB 的研究是片面的，它忽视了主管—员工一致性在其中的重要作用。为了全面展现 FSSB 的作用效果，本研究从主管—员工二元视角出发，探究了两者之间的匹配性以及由此给员工带来的影响。长期以来，员工工作绩效是组织管理关注的核心问题。尤其是当今企业面临更加复杂多变的外部环境，员工工作绩效成为组织生存与发展的关键因素（戴屹等，2021）。工作绩效也可以充分体现 FSSB 效果。因此，本研究选择了其作为结果变量。从 FSSB 到工作绩效，这中间存在一系列的复杂机制，而这些机制是理解主管—员工感知 FSSB 一致性影响工作绩效的关键。结合相似吸引理论（similarity-attraction theory）和社会交换理论（social exchange theory），本研究认为感知 FSSB 一致时，主管—员工之间的感知相似性水平也较高，这可以提升主管—员工之间的吸引力，进而增加他们之间的沟通频率。同时，员工更可能会感受到主管的关怀与尊重，从而有利于双方之间建立高质量的领导—成员交换（Leader-Member Exchange, LMX）。根据"互惠"原则，为了"回报"领导，被优待的员工会更加努力地工作，进而提升工作绩效（Graen et al., 1995）。因此，本研究认为主管—员工感知 FSSB 一致性（以下简称"感知 FSSB 一致性"）可以通过 LMX 影响工作绩效。

综上，根据相似吸引理论和社会交换理论，本研究旨在探讨感知 FSSB 一致性对工作绩效的影响以及 LMX 的中介作用。通过引入主管—员工二元视角，本研究检验了感知 FSSB 一致性对员工相关结果（LMX 和工作绩效）的影响，在理论上突破了以往 FSSB 研究主要选取员工单方面视角的局限，以期为理解 FSSB 对员工影响的相关研究提供更加全面的视角。从实践角度看，本研究的发现有利于组织认识到感知 FSSB 一致性对 LMX 和工作绩效的重要作用，并试图为形成高水平的感知 FSSB 一致性提供建议。

2. 文献回顾与研究假设

2.1 家庭支持型主管行为及其匹配状况

如前所述，FSSB 是指主管表现出的帮助员工处理工作和家庭关系的行为，包括 4 个维度：情感支持（emotional support）、工具支持（instrumental support）、角色榜样行为（role modeling behaviors）和创新性的工作—家庭管理（creative work-family management）。其中，情感支持是指主管主动关心员工，并考虑员工的感受，以及当员工需要支持时，主管能以让员工感到舒服的方式与之进行沟通。工具支持是指主管为员工提供日常资源，以满足他们的个性化需求，从而帮助员工履行工作和家庭职责。角色榜样行为是指在平衡工作和家庭角色方面，主管对员工表现出的榜样行为。创新性的工作—家庭管理是指主管主动发起的重组工作的行为，以帮助员工有效协调工作—家庭关系，这些行为涉及工作时间、地点和方式等的重大改变（马红宇等，2016；Hammer et al.，2009）。

目前关于 FSSB 的研究主要围绕资源保存理论和社会交换理论展开。具体而言，一方面，结合资源保存理论，一些研究将 FSSB 概念化为社会支持的资源，它可以帮助员工积累更多的资源，并保护员工免受资源损失。因此，FSSB 的实施有利于员工更好地平衡工作家庭生活（Jolly et al.，2021；李超平等，2022）。另一方面，根据社会交换理论，当主管展现出家庭支持行为时，员工感到有义务"回报"主管（Cheng et al.，2022）。综上，当感知到主管表现出高水平的 FSSB 时，员工能够获得更多的资源，并与主管建立较强的社会交换关系，从而有利于员工产生更积极的态度和行为。然而，如前所述，主管与员工对主管行为的感知并非完全一致和准确。因此，本研究认为员工产出不仅受其感知 FSSB 影响，而且取决于主管—员工感知 FSSB 匹配状况。

主管和员工之间的感知（不）一致，也被称为匹配性、相似性，可以由其水平（level）和方向（direction）来定义。具体而言，FSSB 一致意味着主管和员工对 FSSB 的感知是一致的。然而，方向性则表明 FSSB 一致可以代表双方感知到强烈的 FSSB 或双方感知到较弱的 FSSB。类似地，在不一致的情况下，主管可能过高或过低评价其 FSSB（相对于员工而言），从而导致 FSSB 不一致的方向不同（Marescaux et al.，2020）。因此，根据水平和方向的不同，感知 FSSB 形成了 4 种配对情形："主管高—员工高"（高能状态）；"主管低—员工低"（低能状态）；"主管高—员工低"；"主管低—员工高"。其中前两种情况属于感知 FSSB 一致，后两种情况属于感知 FSSB 不一致。在这四种情形基础上，本研究试图回答以下问题：（1）在一致的情形下，与"主管低—员工低"相比，"主管高—员工高"感知 FSSB 时的 LMX 质量是否更高？（2）在不一致的情形下，与"主管高—员工低"相比，"主管低—员工高"感知 FSSB 时的 LMX 质量是否更高？（3）感知 FSSB 一致性能否通过 LMX 影响工作绩效？

2.2 感知 FSSB 匹配性与 LMX

LMX 是指领导者和追随者之间的二元交换关系（Graen et al.，1995）。结合相似吸引理论和社会交换理论，本研究认为在一致的情形下，与"主管低—员工低"相比，"主管高—员工高"感知 FSSB 时的 LMX 质量更高。具体而言，一方面，相似吸引理论指出态度或信念相似的个体之间会彼此吸引。两个人越相似，他们之间的吸引力就越强。随后的研究扩展到包括各种不同的维度，例如，人格、人口特征（年龄、性别、种族等）、价值观等的相似性也会增加吸引力（Byrne，1971；Zheng et al.，2021）。因此，当处于高水平的感知 FSSB 时，主管—员工之间的感知相似性水平也较高，进而增加他们之间的吸引力。人际的吸引则可以增加沟通的频率，这有利于形成高质量的 LMX（Dulebohn et al.，2012；Deanne Hartog et al.，2020）。另一方面，社会交换理论认为主管行为是影响

LMX 质量的重要因素，而高水平的感知 FSSB 一致意味着主管和员工对主管重视工作生活平衡的程度等有类似的理解，并且主管十分重视工作和生活的平衡，愿意为此投入时间和精力，即：主管为员工提供了支持和资源，以帮助员工实现工作家庭平衡（Marescaux et al.，2020）。此外，FSSB 具有负责、善于倾听等特征，这有利于营造主管—员工之间彼此信任的交流氛围（李超平等，2022）。因此，当处于高水平的感知 FSSB 情境下，员工更可能会感受到主管的关怀与尊重，主管—员工之间也超越了经济交换，更多表现为情感交换，从而形成高质量的 LMX。

在"主管低—员工低"感知 FSSB 时，虽然主管—员工也达成了一致，这仍然是一个"强情境"（strong situation）的例子，即：主管和员工对主管重视工作生活平衡的程度等都有类似的理解，从而有利于两者清晰一致的沟通，但该情形是一种"低能"一致性状态，这不利于建立高质量的 LMX（Marescaux et al.，2020）。具体而言，在"主管低—员工低"感知 FSSB 时，主管并未向员工展现家庭支持行为，即：主管对员工的支持仅限于雇佣合同中规定的内容。此时，员工无法感受到来自主管的个性化关怀和额外支持。主管—员工之间的关系仅限于履行工作职责和任务，从而不利于形成高质量的 LMX（Bagger & Li，2014）。由此，本研究提出假设：

H1：在一致的情形下，与"主管低—员工低"相比，"主管高—员工高"感知 FSSB 时的 LMX 质量更高。

不一致的情形包括"主管高—员工低"感知 FSSB 和"主管低—员工高"感知 FSSB。已有研究表明当主管的自我评价高于他人的评价时，主管会错误判断自身技能，高估其领导能力，从而设定过高和不现实的目标。主管不愿意接受员工的反馈，以自我为中心和傲慢的方式与员工进行沟通（Amundsen et al.，2014），这会对员工态度和行为产生不利影响（Maribeth et al.，2019）。本文试图将此应用于 FSSB 的背景下，在"主管高—员工低"感知 FSSB 时，主管实际上并没有对员工展现出有效的家庭支持行为，却坚信他们在与员工的交流中表现出强大的 FSSB。这不仅意味着高估者会造成"弱情境"，而且主管的缺乏家庭支持行为不利于建立高质量的 LMX（Marescaux et al.，2020）。

相反，与"主管高—员工低"相比，"主管低—员工高"感知 FSSB 时的 LMX 质量更高。研究表明低估的主管评价（主管的自我评价低于他人的评价）比高估的主管评价（主管的自我评价高于他人的评价）更有效，并在员工中产生相对更有利的态度和行为（Sora et al.，2013）。然而，这些自我评价较低的主管低估了自身的优势，并设定简单和不具挑战性的改进目标，自我效能较低（Tekleab et al.，2008）。本文将这一逻辑应用于 FSSB 研究中，当"主管低—员工高"感知 FSSB 时，主管不相信自身具备为员工提供家庭支持的能力，并向员工发送不明确信号，导致"弱情境"，随之产生不确定性和不可预测性（Echterhoff et al.，2017），这种不确定性和不可预测性不利于建立高质量的 LMX。然而，在这种情况下，与高估的主管评价相比，员工仍经历了相对较高的 FSSB（与主管的自我评价相反），他们与主管的交换关系将得到相对保护。由此，本研究提出假设：

H2：在不一致的情形下，与"主管高—员工低"相比，"主管低—员工高"感知 FSSB 时的 LMX 质量更高。

2.3　领导—成员交换的中介作用

张银普等（2020）发现高质量的 LMX 能显著提升员工的工作绩效。关于工作绩效，本研究采用广泛接受的二维结构即任务绩效和关系绩效进行测量。其中，任务绩效是指与特定任务相关或者组织明确规定的行为。关系绩效是指职位说明书以外的自发行为，例如，帮助同事等（Borman & Motowidlo，1993）。具体而言，LMX 的研究依赖社会交换理论解释不同类型的 LMX 关系如何发展。低质量的 LMX 基于雇佣合同，主要涉及以完成工作为中心的经济交换。相比之下，高水平的 LMX 超越了正式的工作合同，其目的是提高员工的能力和动机。在高质量的 LMX 中，交换在本质上更具社会性，产生相互尊重、支持等。当 LMX 质量较高时，员工从主管得到更多的支持和信任等，从而产生一种义务感。为了"回报"领导，员工不仅会更加努力工作，从而提升任务绩效，而且会超出工作任务的要求，做出更多有利于组织的行为，进而提升关系绩效（张银普等，2020）。

进一步，本研究结合假设 H1 和假设 H2，并运用相似吸引理论和社会交换理论阐述 LMX 的中介作用。当感知 FSSB 一致时，一方面，主管—员工之间的感知相似性水平也较高，进而增加他们之间的吸引力，从而促进 LMX 质量的改善；另一方面，主管为员工提供资源，使员工能够在工作和家庭之间保持平衡，并减轻他们在这两个领域中的压力。员工更可能会感受到主管的关怀与尊重，主管—员工之间也超越了经济交换，更多表现为情感交换，从而有利于建立高质量的 LMX。根据社会交换理论中的互惠原则，为了"回报"领导，员工会更加努力工作，并承担超出工作任务的要求，进而提升任务绩效和关系绩效（Cropanzano，2005）。由此，本研究提出假设：

H3：感知 FSSB 一致性通过 LMX 影响任务绩效和关系绩效。

基于以上所述，本研究提出如图 1 所示的模型：

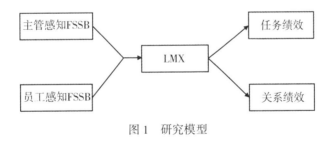

图 1 研究模型

3. 研究方法

3.1 研究样本

本研究采用现场调研的方式收集数据。研究样本来自吉林省的 9 家企业。在调研前，课题组与上述企业的人力资源管理负责人进行沟通，阐明本次调研的目的、具体实施过程以及严格保密被试信息的原则，确定自愿参与调研的主管和员工名单，并对员工进行编码。为了降低共同方法偏差的影响，本研究通过两阶段两来源进行数据收集，间隔时间为 1 个月。在问卷发放前，将问卷装入信封，以团队为单位进行问卷发放和回收，并在每个信封上设计相应的识别码。其中，同一团队的主管和员工分配相同的识别码。另外，在员工问卷信封上，除了识别码外，还设计了员工编码。第一阶段，由主管填写人口统计学变量、家庭支持型主管行为、员工的任务绩效与关系绩效，由员工填写人口统计学变量、家庭支持型主管行为。其中，主管问卷发放 90 份，回收 76 份。员工问卷发放 450 份问卷，回收 386 份问卷。在剔除漏答、明显不认真作答等问卷后，通过识别码和员工编码成功匹配 71 份主管有效问卷和 362 份员工有效问卷。第二阶段，由员工填写 LMX，并向第一阶段员工问卷有效填答者继续发放问卷。调研结束后，在剔除第二阶段无效问卷基础上，通过识别码和员工编码进行两阶段问卷匹配，最终得到 69 份主管有效问卷和 318 份员工有效问卷，主管问卷有效回收率为 76.67%，员工问卷有效回收率为 70.67%。

最终获得的主管问卷中，性别为男性占 65.4%，女性占 34.6%；从年龄看，以 36～45 岁为主，占 55.0%；从受教育程度看，以本科学历为主，占 51.6%；从工作年限看，以 6～10 年和 11 年以上为主，分别占 32.7% 和 31.1%。在最终获得的员工问卷中，性别为男性占 55.3%，女性占 44.7%；从年龄看，以 26～35 岁为主，占 42.8%；从受教育程度看，以本科和硕士为主，分别占 47.8% 和 27.7%；从工作年限看，以 1～5 年和 6～10 年为主，分别占 34.9% 和 38.7%；从婚姻状况看，42.5% 未婚，57.5% 已婚；51.6% 没有 18 岁以下小孩，48.4% 有 18 岁以下小孩。

3.2　测量工具

本研究采用国外成熟的量表对变量进行测量，并对英文量表采用了翻译—回译的方法。除人口统计学变量外，本研究所涉及的变量均采用李克特 5 点量表，1 表示非常不同意，5 表示非常同意。

家庭支持型主管行为的测量：采用 Hammer 等（2013）开发的 4 题项量表测量员工感知 FSSB，条目如"我的主管愿意倾听我在工作和非工作中遇到的任何问题"等。本研究中，该量表的 Cronbach's α 系数为 0.905。由于 Hammer 等（2013）开发的量表用于测量员工感知的 FSSB，而为了测量主管感知的 FSSB，本研究参照 Marescaux 等（2020）的做法，对 Hammer 等（2013）的量表进行了调整，将测量主体由"员工"改为"主管"，调整后的条目如"我愿意倾听员工在工作和非工作中遇到的任何问题"。本研究中，该量表的 Cronbach's α 系数为 0.881。

领导—成员交换的测量：采用 Graen 和 Uhl-Bien（1995）开发的 7 题项量表，条目如"我通常知道我的领导对我有多满意"等。本研究中，该量表的 Cronbach's α 系数为 0.900。

任务绩效的测量：采用 Williams 和 Anderson（1991）开发的 7 题项量表，条目如"该员工能够充分完成指定任务"等。本研究中，该量表的 Cronbach's α 系数为 0.868。

关系绩效的测量：采用 Borman 和 Motowidlo（1993）开发的 16 题项量表，条目如"该员工能按照要求认真、努力地工作"等。本研究中，该量表的 Cronbach's α 系数为 0.905。

控制变量。依据 Marescaux 等（2020）的建议，在员工层面，本研究选取了性别、受教育程度、婚姻状况、工作年限和有无 18 岁以下小孩等作为控制变量；在主管层面，本研究则选取性别作为控制变量。

3.3　分析技术

3.3.1　多项式回归分析

本研究采用了多项式回归分析和响应面分析的方法进行假设检验，并构建了如下模型：

$$LMX = b_0 + b_1(S) + b_2(E) + b_3(S^2) + b_4(S \times E) + b_5(E^2) + e \tag{1}$$

其中，b_0 为常数项，$b_1 \sim b_5$ 为各项的回归系数，e 表示误差项，LMX 表示领导—成员交换，S 表示主管感知 FSSB，E 表示员工感知 FSSB，S^2 表示主管感知 FSSB 的平方项，$S \times E$ 表示主管与员工感知 FSSB 的乘积项，E^2 表示员工感知 FSSB 的平方项。同时，为了更加直观地呈现感知 FSSB 一致性与 LMX 之间的关系，本研究根据回归系数绘制了三维立体结果图。

具体而言，本研究分析了一致性线（$S = E$）和不一致性线（$S = -E$）下响应面的状态，以检验假设 H1、假设 H2。如果响应面沿一致性线（$S = E$）的斜率显著大于 0，且曲率不显著时，则假设 H1 在一致的情形下，与"主管低—员工低"相比，"主管高—员工高"感知 FSSB 时的 LMX 质量更高成立。如果响应面沿不一致性线（$S = -E$）的斜率显著小于 0，则假设 H2 在不一致的情形下，与"主管高—员工低"相比，"主管低—员工高"感知 FSSB 时的 LMX 质量更高成立（Lanaj et al.，2018）。

3.3.2　中介效应检验

对于假设 H3，本研究采用集区变量的方法进行检验，即将每个变量的（S、E、S^2、$S \times E$、E^2）多项式回归系数与原始数据相乘并加总，生成集区变量（Lanaj et al.，2018）。之后，将集区变量作为自变量，LMX 和任务绩效、关系绩效分别作为中介变量和结果变量，并通过 SPSS 中的 PROCESS 宏计算中介效应值 $a \times b$ 以及 95% 的置信区间，以检验其显著性。

4.　数据分析结果

4.1　验证性因子分析

本研究是为了区分核心变量之间的不同，所以对题项较多的构念进行打包是合理的。在进行验证性因子分析之前，采用平衡法将 LMX、任务绩效与关系绩效均打包成 3 个题项（陈晨等，2020）。验证性因子分析的结果见表 1。如表 1 所示，五因子模型拟合较好（$\chi^2/df = 2.100$，CFI = 0.967，TLI = 0.959，RMSEA = 0.059），并且显著优于其他模型。因此，五因子模型具有良好的区分效度。

表 1   验证性因子分析结果

模　型	χ^2	df	χ^2/df	CFI	TLI	RMSEA
五因子模型（S、E、LMX、TP、CP）	228.954	109	2.100	0.967	0.959	0.059
四因子模型（$S+E$、LMX、TP、CP）	1082.378	113	9.578	0.735	0.680	0.164
三因子模型（$S+E$、LMX、TP+CP）	1611.995	116	13.897	0.590	0.520	0.201
两因子模型（$S+E$、LMX+TP+CP）	2155.953	118	18.271	0.442	0.357	0.233
单因子模型（$S+E+$LMX+TP+CP）	2411.885	119	20.268	0.372	0.282	0.246

注：S 表示主管感知 FSSB，E 表示员工感知 FSSB，LMX 表示领导—成员交换，TP 表示任务绩效，CP 表示关系绩效。

4.2　描述性统计与相关分析

变量的均值、标准差和相关系数见表 2。由表 2 可知，主管感知 FSSB 与 LMX（$r=0.134$，$p<0.05$）、任务绩效（$r=0.115$，$p<0.05$）、关系绩效（$r=0.179$，$p<0.01$）显著正相关，员工感知 FSSB 与 LMX（$r=0.276$，$p<0.001$）、任务绩效（$r=0.279$，$p<0.001$）、关系绩效（$r=0.475$，$p<0.01$）显著正相关。LMX 与任务绩效（$r=0.324$，$p<0.001$）、关系绩效显著正相关（$r=0.436$，$p<0.001$）。

表 2   主要变量的均值、标准差和相关系数

变　量	M	SD	1	2	3	4
1. 主管感知 FSSB	3.49	0.82				
2. 员工感知 FSSB	3.55	0.93	0.179**			
3. 领导—成员交换	2.83	0.56	0.134*	0.276***		
4. 任务绩效	3.63	0.48	0.115*	0.279***	0.324***	
5. 关系绩效	3.54	0.47	0.179**	0.475**	0.436***	0.255***

注：* 代表 $p<0.05$，** 代表 $p<0.01$，*** 代表 $p<0.001$。

4.3　感知 FSSB 一致性对领导—成员交换的影响

如表 3 中的模型 3 所示，响应面沿一致性线（$S=E$）的斜率显著大于 0（$b_1+b_2=0.31$，$p<0.001$）且曲率不显著（$b_3+b_4+b_5=-0.07$，$p>0.05$），这表明：在一致的情形下，与"低主管—低员工"感知 FSSB 相比，"高主管—高员工"感知 FSSB 时的 LMX 质量更高，即假设 H1 成立。响应面沿不一致性线（$S=-E$）的斜率显著小于 0（$b_1-b_2=-0.18$，$p<0.05$），这表明：在不一致的情形下，与"高

主管—低员工”感知 FSSB 相比，“低主管—高员工”感知 FSSB 时的 LMX 质量更高，即假设 H2 成立。

表3 　　　　　　　　　　　　　　**LMX 的多项式回归结果与响应面分析**

变　量		模型 1	模型 2	模型 3
常数项		2.520***	2.564***	2.888***
控制变量				
员工性别		-0.008	-0.014	0.001
员工受教育程度		0.059	0.020	0.038
员工婚姻状况		0.182	0.184	0.111
员工工作年限		0.048	0.039	0.002
员工是否有 18 岁以下孩子		-0.146	-0.179	-0.057
主管性别		0.048	0.000	-0.105
自变量				
S	b_1		0.067	0.063
E	b_2		0.151***	0.242***
S^2	b_3			-0.203***
$S×E$	b_4			0.322***
E^2	b_5			-0.189***
R^2		0.020	0.096	0.271
F		1.079	4.122***	10.367***
ΔR^2			0.076***	0.175***
$F (\Delta R^2)$			13.000***	24.512***
一致性线 $S=E$				
斜率（b_1+b_2）				0.31***
曲率（$b_3+b_4+b_5$）				-0.07
不一致性线 $S=-E$				
斜率（b_1-b_2）				-0.18*
曲率（$b_3-b_4+b_5$）				-0.71***

注：员工 $n=318$，主管 $n=69$。* 代表 $p<0.05$，** 代表 $p<0.01$，*** 代表 $p<0.001$。

为了更加直观地呈现感知 FSSB 一致性与 LMX 之间的关系，本研究基于表 3 中的模型 3 绘制了响应面图形。由图 2 可知，在后角区域（高—高一致）时，LMX 质量更高。这表明与"主管低—员工低"相比，"主管高—员工高"FSSB 时的 LMX 质量更高。由此，假设 H1 得到验证。左角位置（主管低—员工高）对应的 LMX 高于右角位置（主管高—员工低）。这表明与"主管高—员工低"相比，"主管低—员工高"FSSB 时的 LMX 质量更高。由此，假设 H2 得到验证。

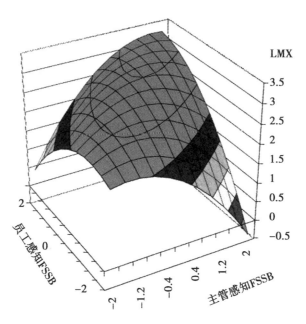

图 2　感知 FSSB 一致性与 LMX 的响应面

4.4　领导—成员交换的中介作用

本研究通过 SPSS26.0 中的 PROCESS 宏检验 LMX 的中介作用。由表 4 可知，集区变量通过 LMX 影响任务绩效和关系绩效的中介效应值分别为 0.100 和 0.269，在 Bootstrap = 5000 时，95%的置信区间分别为［0.010, 0.208］和［0.170, 0.379］，均不包含 0，由此，LMX 分别在感知 FSSB 一致性和任务绩效以及感知 FSSB 一致性和关系绩效之间发挥中介作用，假设 H3 得到验证。

表 4　中介效应检验结果

作用路径	间接效应	95%的置信区间
集区变量→LMX→任务绩效	0.100	［0.010, 0.208］
集区变量→LMX→关系绩效	0.269	［0.170, 0.379］

5. 研究结论与启示

5.1　研究结论

为了全面探究 FSSB 的作用效果，本研究从主管—员工二元视角出发，并结合相似吸引理论和社会交换理论，分析了感知家庭支持型主管行为一致性对工作绩效影响的路径。通过运用多项式回归与响应面分析对 69 份主管与 318 份员工配对数据进行分析，本研究得出的主要结论如下：（1）在一致的情形下，与"主管低—员工低"相比，"主管高—员工高"感知 FSSB 时的 LMX 质量更高；（2）在不一致的情形下，与"主管高—员工低"相比，"主管低—员工高"感知 FSSB 时的 LMX 质量更高；（3）LMX 在感知 FSSB 一致性与任务绩效和关系绩效之间发挥中介作用。

5.2　理论贡献

第一，本研究从主管和员工双元视角出发，揭示了两者感知 FSSB 一致性对工作绩效的影响，为理解 FSSB 提供了更加全面的研究视角，也丰富了"自我—他人一致性"视角下领导行为的研究。具体而言，以往研究多从员工视角出发，探究 FSSB 给员工带来的正向影响，并且这些研究普遍假定主管和员工对 FSSB 的感知是准确和一致的。然而，近年来，一些学者对此提出了质疑，并指出主管—员工关于领导行为的感知并非完全一致和准确（陈梦桑等，2022）。同时，Hammer 等（2009）也指出 FSSB 是二元的，其作用取决于主管与员工之间的互动，即：主管与员工双方共同塑造了 FSSB 所产生的影响。为此，本研究引入了主管—员工二元视角，不仅补充了主管这一视角，而且把焦点放在主管与员工感知 FSSB 匹配关系上，分析了感知 FSSB 一致性对工作绩效的影响，突破了以往 FSSB 研究主要选取员工单方面视角的局限，进而为理解 FSSB 提供了更加全面的视角。此外，随着"自我—他人一致性"研究范式的兴起，一些学者呼吁在领导力相关研究中，从领导和下属两方面入手，并分析两者评价的一致性如何影响下属产出（彭坚等，2019）。本研究响应了这一呼吁，从而丰富了"自我—他人一致性"视角下领导行为的研究。

第二，本研究从二元视角分析了主管—员工感知 FSSB 的不同匹配情况对 LMX 的差异化影响，从而拓展了 LMX 的前因研究。主管行为是影响 LMX 的重要前因变量（Cropanzano，2005）。具体到工作—家庭领域，以往多数关于 FSSB 影响 LMX 的研究发现，员工感知 FSSB 水平越高，其对 LMX 正向影响越强（Matthews & Toumbeva，2015；Bagger & Li，2014）。因此，单独从员工角度看，容易导致单调性作用的简单假定，得出多多益善的结论，并且这种简单假定和结论逐渐成为共识。本研究则打破了上述共识，发现上述单调性作用的假定和"多多益善"的论断不成立。具体而言，员工感知 FSSB 能否提升 LMX 质量，取决于其与主管感知 FSSB 的匹配情况。也就是说，并非高员工感知 FSSB 一定能带来高质量的 LMX。进一步而言，本研究发现当主管—员工感知

FSSB 一致且处于高水平时，主管—员工之间形成了高质量的 LMX。综上，本研究拓展了 LMX 的前因研究。

5.3 管理启示

建立高质量的 LMX 以及提升员工的工作绩效一直是组织管理实践关注的焦点问题。本研究发现当"主管高—员工高"感知 FSSB 时，主管—员工之间形成了高质量的 LMX，并且感知 FSSB 一致性通过 LMX 影响工作绩效。这些发现表明感知 FSSB 一致性的重要作用。同时，也为建立高质量的 LMX 和提升员工的工作绩效提供了新的思考。具体而言，组织、主管与员工可以从提升主管与员工感知 FSSB 入手，以形成高水平的感知 FSSB 一致性。

（1）从组织角度看，可以通过相应课程对主管进行技能培训，以提升主管平衡工作—家庭的能力，增强主管实施 FSSB 时的自我效能感。此外，组织也可以制定正式的家庭支持制度和政策，为家庭支持行为提供保障，进而增强主管实施 FSSB 时的信心。由此，组织可以通过技能培训和制度与政策提升主管感知 FSSB。

（2）从主管角度看，要充分认识到 FSSB 对组织与员工的重要意义，并积极参与到 FSSB 相关的培训中，以提升实施 FSSB 的能力和自我效能感，进而提升自身感知 FSSB。同时，鉴于员工对 FSSB 的感知和接受程度可能存在差异，主管需要了解不同员工的需求，并根据员工的需求提供有针对性的家庭支持行为，从而增强员工感知 FSSB。由此，主管可以通过上述措施提升主管与员工感知 FSSB。

（3）从员工角度看，应与主管保持良好的沟通，并适时表达自身的家庭支持需求，从而有利于主管实施有针对性的家庭支持行为，进而提升员工感知 FSSB。

综上，可以通过上述措施，促使"主管低—员工低""主管高—员工低"和"主管低—员工高"感知 FSSB 状态向"主管高—员工高"感知 FSSB 状态转化。

5.4 研究不足与展望

第一，虽然本研究采取了两阶段两来源的方式收集数据，但由于是横截面数据，无法确定变量之间的因果关系。未来可采取纵向研究设计，以更好检验变量之间的因果关系。

第二，由于时间、精力等的限制，被试来自吉林，所得结论能否推广到其他地区，还需进一步验证。未来的研究应进一步扩大取样范围与数量，以增强结论的适用性。

第三，结合相似吸引理论和社会交换理论，本研究仅探讨了 LMX 在感知 FSSB 一致性和工作绩效之间的中介作用，未来可以从不同的理论角度拓展中介机制研究。例如根据资源保存理论，感知 FSSB 一致性可能通过工作—家庭增益影响下属的工作态度与行为。

◎ 参考文献

[1] 陈晨，秦昕，谭玲，等 . 授权型领导——下属自我领导匹配对下属情绪衰竭和工作绩效影响

［J］. 管理世界，2020，36（12）.

［2］陈梦桑，向晓梅，吴伟炯. 教练型领导—下属认知匹配对下属工作幸福感的影响［J］. 南方经济，2022（4）.

［3］戴屹，张昊民，俞明传，等. 企业政策—实践一致性与员工工作绩效关系研究［J］. 管理学报，2021，18（2）.

［4］李超平，孟雪，胥彦，等. 家庭支持型主管行为对员工的影响与作用机制：基于元分析的证据［J/OL］. 心理学报，http：//kns. cnki. net/kcms/detail/11. 1911. B. 20221109. 1021. 022. html.

［5］马红宇，邱慕梦，唐汉瑛，等. 家庭支持型主管行为研究述评与展望［J］. 外国经济与管理，2016，38（10）.

［6］彭坚，王震，侯楠. 你和上司合拍吗？组织中的上下级匹配［J］. 心理科学进展，2019，27（2）.

［7］张银普，骆南峰，石伟，等. 中国情境下领导——成员交换与绩效关系的元分析［J］. 南开管理评论，2020，23（3）.

［8］Amundsen, S. , Martinsen, O. L. Self-other agreement in empowering leadership：Relationships with leader effectiveness and subordinates' job satisfaction and turnover intention［J］. Leadership Quarterly, 2014, 25（4）.

［9］Bagger, J. , Li, A. How does supervisory family support influence employees' attitudes and behaviors? A social exchange perspective［J］. Journal of Management, 2014, 40（4）.

［10］Borman, W. C. , Motowidlo, S. J. Expanding the criterion domain to include elements of contextual performance［M］// N. Schmitt & W. C. Borman （Eds. ）. Personnel selection in organizations. San Francisco：Jossey Bass, 1993.

［11］Byrne, D. The attraction paradigm［M］. New York：Academic Press, 1971.

［12］Carter, K. M. , Gonzalez-Mule, E. , Mount, M. K. , et al. Managers moving on up （or out） linking self-other agreement on leadership behaviors to succession planning and voluntary turnover［J］. Journal of Vocational Behavior, 2019, 115.

［13］Cheng, K. , Zhu, Q. L. , Lin, Y. H. Family-supportive supervisor behavior, felt obligation, and unethical pro-family behavior：The moderating role of positive reciprocity beliefs［J］. Journal of Business Ethics, 2022, 177（2）.

［14］Crain,T. L. , Stevens, S. C. Family-supportive supervisor behaviors：A review and recommendations for research and practice［J］. Journal of Organizational Behavior, 2018, 39（7）.

［15］Cropanzano, R. Social exchange theory：An interdisciplinary review［J］. Journal of Management, 2005, 31（6）.

［16］Deanne Hartog, D. H. , De Hoogh, A. H. B. , Belschak, F. D. Toot your own horn? Leader narcissism and the effectiveness of employee self-promotion［J］. Journal of Management, 2020, 46（2）.

［17］Dulebohn,J. H. , Bommer, W. H, Liden, R. C. , et al. A meta-analysis of antecedents and consequences of leader-member exchange integrating the past with an eye toward the future [J]. Journal of Management, 2012, 38 (6).

[18] Echterhoff, G., Higgins, E. T. Creating shared reality in interpersonal and intergroup communication: The role of epistemic processes and their interplay [J]. European Review of Social Psychology, 2017, 28 (1).

[19] Graen, G. B., Uh-Bien, M. Relationship-based approach to leadership: Development of leader-member exchange (LMX) theory of leadership over 25 years: Applying a multi-level multi-domain perspective [J]. Leadership Quarterly, 1995, 6 (2).

[20] Hammer, L. B., Ernst, K. E., Bodner, T., et al. Measurement development and validation of the family supportive supervisor behavior short-form (FSSB-SF) [J]. Journal of Occupational Health Psychology, 2013, 18 (3).

[21] Hammer, L. B., Kosseke, E. E., Yragui, N. L., et al. Development and validation of a multidimensional measure of family supportive supervisor behaviors (FSSB) [J]. Journal of Management, 2009, 35 (4).

[22] Jolly, P. M., Gordon, S. E., Self, T. T. Family-supportive supervisor behaviors an employee turnover intention in the food service industry: Does gender matter? [J]. International Journal of Contemporary Hospitality Management, 2021, 34 (3).

[23] Lanaj, K., Foulk, T. A., Hollenbeck, J. R. The benefits of not seeing eye to eye with leadership: Divergence in risk preferences impacts multi-team system behavior and performance [J]. Academy of Management Journal, 2018, 61 (4).

[24] Lee, A., Carpenter, N. C. Seeing eye to eye: A meta-analysis of self-other agreement of leadership [J]. Leadership Quarterly, 2018, 29 (2).

[25] Marcello, R., Filomena, B., Abraham, C., et al. When family supportive supervisors meet employees' need for caring: Implications for work family enrichment and thriving [J]. Journal of Management, 2018, 44 (4).

[26] Marescaux, E., Rofcanin, Y., Heras, M., L., et al. When employees and supervisors (do not) see eye to eye on family supportive supervisor behaviors: The role of segmentation desire and work-family culture [J]. Journal of Vocational Behavior, 2020, 121.

[27] Maribeth, K., Brown, M. E., Mayer, D. M., et al. Supervisor-subordinate (dis)agreement on ethical leadership: An investigation of its antecedents and relationship to organizational deviance [J]. Business Ethics Quarterly, 2019, 29 (1).

[28] Matthews, R. A., Toumbeva, T. H. Lagged effects between family-specific and generalized work-related resources [J]. Journal of Occupational Health Psychology, 2015, 20 (3).

[29] Rofcanin, Y., De Jong, J. P., Heras, M. L., et al. The moderating role of prosocial motivation on the association between family-supportive supervisor behaviors and employee outcomes [J]. Journal

of Vocational Behavior, 2018, 107.

[30] Sora, B., Cuyper, N. D., Caballer, A., et al. Outcomes of job insecurity climate: The role of climate strength [J]. Applied Psychology, 2013, 62 (3).

[31] Tekleab,A. G., Sims, H. P., Yun, S., et al. Are we on the same page? Effects of self-awareness of empowering and transformational leadership [J]. Journal of Leadership & Organizational Studies, 2008, 14 (3).

[32] Vaziri,H., Wayne, J. H., Casper, W. J., et al. A meta-analytic investigation of the personal and work-related antecedents of work-family balance [J]. Journal of Organizational Behavior, 2022, 43 (3).

[33] Walsh, B. M., Mattews, R. A., Toumbeva, T. H., et al. Failing to be family-supportive: Implications for supervisors [J]. Journal of Management, 2019, 45 (7).

[34] Williams, L. J., Anderson, S. E. Job satisfaction and organizational commitment as predictors of organizational citizenship and in-role behaviors [J]. Journal of Management, 1991, 17 (3).

[35] Yu, A., Pichler, S., Russo, M., et al. Family-supportive supervisor behaviors (FSSB) and work-family conflict: The role of stereotype content, supervisor gender, and gender role beliefs [J]. Journal of Occupational and Organizational Psychology, 2022, 95 (2).

[36] Zheng, Y. Y., Zheng, X. T., Wu, C. H., et al. Newcomers' relationship-building behavior, mentor information sharing and newcomer adjustment: The moderating effects of perceived mentor and newcomer deep similarity [J]. Journal of Vocational Behavior, 2021, 125.

Perceived Family-Supportive Supervisor Behavioral Congruence and Job Performance: The Role of Leader-Member Exchange

Yu Guilan[1]　Qiu Xunjie[2]

(1, 2　School of Business and Management, Jilin University, Changchun, 130012)

Abstract: This study analyzes the effects of perceived family-supportive supervisor behavioral congruence on job performance and the mediating role of leader-member exchange from a binary supervisor-employee perspective and in conjunction with similarity-attraction theory and social exchange theory. The data collected from 69 supervisors paired with 318 employees were analyzed through cross-level polynomial regression analysis and response surface analysis techniques, and the results showed that: in the case of congruence, compared to "low supervisor-low employee" perceived family-supportive supervisory behavior, the level of leader-member exchange is higher for "high supervisor-high employee" perceived family-supportive supervisor behavior; in the case of incongruence, compared to "high supervisor-low employee" perceived family-supportive supervisory behavior, the level of leader-member exchange is higher for "low supervisor-high employee" perceived family-supportive supervisor behavior；supervisor-employee perceived family supportive supervisor behavior congruence influences task performance and contextual performance through leader-member exchange.

Key words：Perceived family-supportive supervisory behavioral congruence；Leader-member exchange；Task performance；Contextual performance

专业主编：杜旌

珞珈管理评论
2023 年卷第 1 辑（总第 46 辑）

Luojia Management Review
No. 1, 2023（Sum. 46）

增值税留抵退税提高企业的 ESG 表现了吗？[*]

● 杜鹏程[1]　黄世军[2]　洪　宇[3]

（1，2　安徽大学商学院　合肥　230601；3　安徽大学经济学院　合肥　230601）

【摘　要】 为提振企业发展信心，稳住经济大盘，助力实体经济可持续发展，党中央因时应势强化跨周期和逆周期调节，作出了试点企业留抵退税重大决策，而这一举措能否促进企业 ESG 表现，不仅事关企业高质量发展的实现，更关系到宏观经济大盘可持续发展。本研究以财税〔2018〕70 号文件的出台为准自然实验，选取 2014—2020 年沪深 A 股上市公司数据，利用双重差分模型，考察了留抵退税政策如何影响企业的 ESG 表现。实证结果表明：（1）留抵退税政策显著促进了试点企业的 ESG 表现，以上结果经过平行趋势检验、安慰剂检验以及其他一系列稳健性检验后依旧稳健。（2）机制分析发现，留抵退税政策通过改善财务绩效、提高创新能力的途径助力 ESG 发展。（3）进一步分析发现，增值税留抵退税政策对企业 ESG 表现的激励效应在成熟期企业和国有企业中更为明显。本文为完善增值税留抵退税制度、深化现代财税改革和实现可持续发展提供了政策借鉴。

【关键词】 留抵退税　ESG　创新能力　财务绩效　双重差分模型

中图分类号：F810.42　　　　文献标识码：A

1. 引言

可持续发展引致的社会责任是企业行稳致远的根本保障。弗里德曼认为企业唯一的社会责任就是利润最大化（Friedman，1970）。这种将经济效益最大化奉为圭臬的观点拥趸者众多（Benabou & Tirole，2010）。然而，气候变化、环境污染和公共卫生等事关可持续性问题的日益突出，使得上述观点存在诸多争议。在这样的经济社会背景下，企业积极贯彻环境（Environmental，E）、社会（Social，S）和治理（Governance，G）发展理念已成为时代命题，企业需要将环境、社会和治理因

---

* 基金项目：国家自然科学基金面上项目"研发团队领导跨界行为对团队成员适应性绩效的跨层次影响研究"（项目批准号：71872001）；国家自然科学基金面上项目"后疫情时期组织双元免疫力的构建及其对交互式创新平衡的影响研究"（项目批准号：72272001）；安徽省科研编制计划项目"疫情背景下安徽省民营企业免疫力评价指标体系构建及应用研究"（项目批准号：2022AH050007）。

通讯作者：黄世军，E-mail：m21201044@ stu. ahu. edu. cn。

素纳入经营决策，通过践行 ESG 理念从企业层面寻求危机的破解之道（谢红军和吕雪，2022；Cordazzo et al.，2020；Hsueh，2019）。ESG 是一种关注企业环境、社会、公司治理绩效而非传统财务绩效的投资理念和企业评价标准，是一种高度契合当前经济社会发展的新兴理念。这种新兴的经营理念推动了企业由利润驱动到绿色成长的转型，对促进社会和经济可持续发展有深远的意义。

在可持续发展背景下，越来越多的企业披露 ESG 实践信息（Aureli et al.，2020；Widyawati，2020）。ESG 表现较高的企业往往经营风险更低、回报更高，并且在危机时期更具韧性、弹性（Cardoni et al.，2020；Cunha et al.，2020）。然而，企业的 ESG 实践往往具有成本高、风险高、正外部性强等特点，这些都会制约企业 ESG 的发展，特别是在经济下行和宏观经济风险较大的时期，企业进行 ESG 实践的困难将进一步加剧（胡洁等，2022）。其中，不合理的税收负担是制约企业可持续发展的重要因素。以增值税为例，企业日常生产经营活动会产生大量销项和进项税额的错配，导致企业长期留存大量增值税留抵税额，在下一期抵扣时，会挤占企业当期现金流量，违反增值税税收中性原则，降低企业的资源配置效率，不利于企业的 ESG 发展（吴怡俐等，2021；刘怡和耿纯，2018）。在此背景下，我国相继推出多项减税降费举措，提振企业发展信心。特别地，为增强市场主体信心，激发市场活力，财政部和税务总局联合发布《财政部税务总局关于进一步加大增值税期末留抵退税政策实施力度的公告》，明确对小微企业、制造业及其他产业实行留抵退税政策，增值税留抵退税成了减税降费"重头戏"。因此，探讨增值税期末留抵退税改革能否在助企纾困的同时促进企业的 ESG 表现，具有重要的现实意义。

大规模留抵税额的产生，如果长期得不到退还，会增加企业潜在的融资压力，不利于 ESG 实践。以往的增值税改革始终未能解决增值税退税链条不畅通的问题。无论全面"营改增"，还是降低增值税税率，抑或是放宽小规模纳税人的认定范围，都没有涉及退还企业的留抵税额（黄贤环和杨钰洁，2022）。为深化增值税改革，减轻企业税收负担，财政部、国家税务总局联合发布财税〔2018〕70 号文件，对试点行业实行增值税期末留抵退税改革，增值税留抵退税改革就是对现在还不能抵扣、留待将来才能抵扣的留抵税额，予以提前全额退还。留抵税额本质上是对企业资金的占用，留而不退会造成企业的资源配置效率低下与潜在的融资压力升高，有悖于当前要素驱动与资源配置齐驱并进的发展模式。宏观视角下，大规模留抵退税政策的实施对于提升我国终端消费信心及能力、不断深化供给侧结构性改革以及经济结构优化等方面都具有十分重要的意义（李憼劼，2019）。微观视角下，大规模留抵退税政策能够将生产要素配置权归还企业，进而降低企业制度性交易成本，增加企业内部经营现金流量（吴怡俐等，2021）。同时，留抵退税政策能够增加企业的投资机遇（刘金科等，2020），为企业提高经营质量、实现可持续发展提供了良好的发展空间（蔡伟贤等，2022）。

近年来，伴随着增值税留抵退税政策的落地，已有越来越多的学者开始关注政策的实施效果。现有研究主要从企业价值、全要素生产率、企业创新和企业金融化等方面探讨了增值税留抵退税政策实施的经济后果。具体而言，刘金科等（2020）发现，留抵退税政策不仅增加了企业的现金流量，而且可以通过债务融资等手段获得投资所需要的资本。何杨等（2019）认为，增值税留抵退税政策能够有效地降低企业的资金成本，增加企业的现金流量。吴怡俐等（2021）认为，增值税留抵退税改革带给企业更多的投资机会，进而提高了企业价值，并且预期形成更高留抵税额的试点企业，经留抵退税政策处理后，对企业价值的影响更大。俞杰和万陈梦（2022）从降低企业融资约束视角出发，认为在短期内实行增值税留抵退税能使企业的全要素生产率得到明显的提升。黄贤环和杨钰洁（2022）的研究发现，留抵退税改革通过"现金流效应"和"主业投资效应"两条路径，抑制实体企业的金融化。由此可以看出，增值税留抵退税改革能够更好地发挥其税收的中性特征，从而确保市场对资源的分配产生决定性的作用，进而促进企业经济效益的提高。以上的研究表明增值税留抵退税改革对企业的发展产生重要的影响，但现有研究忽略了增值税留抵退税改革的社会效益。在高质量发展背景下，企业的发展需要兼顾经济效益和社会效益，那么留抵退税改革助力企业经济发展的同时，又能否促进企业的ESG发展？这一议题尚付阙如。因此，探究增值税留抵退税这一重要的财税政策能否实现经济效益和社会效益双赢，促进企业的ESG发展，是本文研究的核心问题。

本文认为，可持续发展是一个长期的发展理念，体现在企业、自然和社会之间的和谐共生，对增值税留抵退税政策效果的检验不应局限于企业的经济效益，更应该从环境、社会和治理角度剖析政策实施带来的社会效益。因此，本文以财税〔2018〕70号文件的出台为准自然实验，选取2014—2020年沪深A股上市公司作为研究样本，利用双重差分模型，考察了留抵退税政策如何影响企业的ESG表现。实证结果表明：留抵退税政策显著促进了试点企业的ESG表现，实证结果经过平行趋势检验、倾向得分匹配以及其他一系列稳健性检验后依旧成立。机制检验结果表明，增值税留抵退税政策能够提高企业的创新能力和财务绩效，这些都会显著促进企业的ESG表现。进一步分析发现，增值税留抵退税政策对企业ESG表现的激励效应在国有企业和成熟期企业中更为明显。

本文的边际贡献主要体现在以下三个方面：

第一，丰富了ESG的前因研究。现有研究主要探究了企业ESG表现对企业价值（王琳璘等，2022）、投资效率（高杰英等，2021）、企业绩效（袁业虎和熊笑涵，2021）和股价崩盘风险（席龙胜和王岩，2022）等的影响，仅有少数文献涉及企业ESG表现的前因研究。例如：胡洁等（2022）认为数字化转型通过提高企业绿色创新能力和内部治理进而促进了企业的ESG表现。柳学信等（2022）认为企业党组织治理对企业的ESG表现有正向影响，并且"八项规定"正向调节企业党组织治理与ESG之间的关系。本文打破既往研究企业ESG的常规思路，不再局限于企业边界以内的常规研究，将外生于企业的留抵退税政策引入ESG的研究，为企业ESG的前因研究做出了重要拓展。

第二，丰富了增值税留抵退税的相关研究。现有学者主要从企业价值（吴怡俐等，2021）、全要素生产率（俞杰和万陈梦，2022）、企业创新（蔡伟贤等，2022）和企业金融化（黄贤环和杨钰洁，2022）等方面考察了增值税留抵退税改革实施的经济效益，忽略了增值税留抵退税改革的社会效益。在高质量发展背景下，留抵退税改革提高经济效益的同时能否提高企业的社会效益，实现经济效率和社会效益双赢？基于此，本文进一步探究了增值税留抵退税改革的社会效益，并检验了增值税留抵退税政策实施后两者之间的有机联系，全面剖析留抵退税政策对企业ESG表现的影响，为增值税留抵退税改革促进企业高质量发展提供新的经验证据。

第三，在研究内容上，现有文献多数考虑企业截面差异的影响，忽视了时间维度上的潜在异质性——企业生命周期。本文依照企业生命周期和所有制性质进行多维度的检验，考察了留抵退税政策激励效应的异质性。综合来看，本文的研究成果不仅阐释了留抵退税政策如何影响企业的可持续发展，也为如何让留抵退税的"现金红包"精准落袋、设计一套契合企业生命周期特征的税收政策，更加积极有效地助推国家可持续发展建设提供了决策参考。

2. 理论分析与研究假设

2.1 增值税留抵退税和企业的 ESG 表现

高质量发展已经成为新时代的发展主题，在经济发展新阶段，企业要做到经济效益与社会效益的协调发展。随着可持续发展理念的不断深入，越来越多的企业开始加大 ESG 投入，并加强 ESG 相关信息的披露力度。然而，中国企业仍然缺乏进行 ESG 实践的内生动力（张慧和黄群慧，2022）。一方面，当前我国的资本市场体系尚不完善，相比传统投资，企业的 ESG 投资具有较强的正外部性，即企业进行 ESG 实践会给其他企业带来额外的经济利益，并且受益者无需付出相关代价（胡洁等，2022）。另一方面，中国的 ESG 尚处在探索发展阶段，企业进行 ESG 实践需要投入大量的资源，这会导致企业的 ESG 实践面临回报周期长、风险高等问题（Broadstock et al.，2021）。在企业 ESG 实践的正外部性和不确定性的双重影响下，企业进行 ESG 实践的内生动力无疑会大打折扣。而税收政策恰恰可以起到资源配置的作用（秦海林和刘岩，2022），为企业进行 ESG 实践提供了保障。大规模留抵退税政策的实施不仅直接增加试点企业当期现金流量，而且可以通过促进企业的财务绩效和创新能力（李井林等，2021），最终提高企业的 ESG 表现。

首先，增值税留抵退税政策可以通过减税或者免税等措施减轻企业税收负担，直接增加企业当期的现金流量，缓解企业资金压力，满足企业进行 ESG 实践的资金需求（俞杰和万陈梦，2022；黄贤环和杨钰洁，2022）。同时，留抵退税政策可以刺激企业投资，提高企业的风险承担水平，降低企业进行 ESG 实践的不确定性，从而提升企业积极履行社会责任的意愿。

其次，增值税留抵退税政策的实施可以对企业研发创新投入产生正向激励作用，而创新是企业可持续发展的核心要素，企业在创新上的投入不仅可以为企业节约资源和减少能耗，还会带来市场要素、组织架构和价值创造的系统性改变，继而引发企业内部治理结构的变革，最终形成与创新能力激励相容的内部治理体系（王海军等，2022）。

最后，留抵退税改革符合税收中性原则，能够降低制度性交易成本，改善由于市场失灵带来的资源错配问题，帮助企业提升财务绩效，而具备优质财务绩效的企业会在环境、社会和治理实践中投入更多的资源（王海军等，2022；Chams et al.，2021）。自然资源基础理论认为，环境策略与管理实践的实施取决于企业的资源与能力，企业较好的财务绩效可以为 ESG 实践提供有效的闲置资源（潘楚林和田虹，2016）。因此，具备充裕资源的企业的 ESG 投资意愿也更高（Orlitzky & Swanson，2008；Kraft & Hage，1990）。企业通过加强自身 ESG 建设来提高 ESG 责任绩效，这一过程本身也需要前期持续的资源投入，留抵退税改革促进企业财务绩效的同时，也为 ESG 责任履行提供了财务基础。财务绩效相对优异的企业，在管理层和股东的经济利益得到了相对满足后，也会更有意愿来履行环境保护义务，承担更多社会责任，提升其 ESG 责任表现（王海军等，2022；Kuo et al.，2021）。

基于以上分析，本文提出假设：

H1：增值税留抵退税显著促进了企业的 ESG 表现。

2.2　增值税留抵退税促进企业的 ESG 表现的内在机制

企业的 ESG 实践存在一定的外部性，导致企业 ESG 投入不足，如何将 ESG 的外部性内部化，增强企业 ESG 实践能力、激发企业内在动力至关重要（胡洁等，2022）。企业创新能力的提高有利于企业以更高的效率和更低的成本实现绿色可持续发展，驱动企业进行 ESG 实践。一方面，由于我国金融体系不完善、银企信息不对称以及政策不配套等外部因素的制约，企业普遍存在融资约束难题（宁金辉和王敏，2021）。融资约束会在一定程度上限制企业的投资行为，进一步削弱企业的创新能力。增值税留抵退税政策的实施，直接增加企业当期现金流，缓解企业由于资金短缺导致的研发投入不足问题（蔡伟贤等，2022）。从信号传递的角度来看，在行业层面，当一个行业属于留抵退税试点行业时，可以向市场发出该行业是政府支持的重点行业的信号，从而吸引投资者进入该行业。在企业层面，如果企业属于留抵退税的试点企业，则意味着其纳税信用等级较高，税收风险较低，这也向市场发出信号，表明企业的现金流状况即将改善，使其有更多的现金流用于创新活动。由此可见，退税政策可以通过缓解企业融资约束，对企业研发和创新投入产生正向的激励作用。另一方面，创新能力的提升可以显著提高企业的 ESG 表现。创新是企业保持竞争优势的源泉，也是促进企业可持续发展的重要前提条件（杨水利等，2022）。首先，创新投入可以为企业降低能耗和生产成本，促进企业的节能减排，从而有效满足环境保护需求，带动经济实力提升（孙海波和刘忠璐，2021）。其次，创新能力有助于改善企业内部治理效率，优化内部控制制度和内部审计模式，建立有效的内部沟通机制与沟通渠道，最终形成与创新能力激励相容的内部治理体系（蒋艺翅和姚树洁，2022）。最后，企业创新具有很强的外溢效应，企业创新成果可以加大市场竞争，提高社会生产力，为社会创造更多的财富，有利于企业社会责任的履行。

后疫情时期，企业的经营环境发生了较大的改变，企业在不确定性中如何改善自身的经营质量、提升经营水平则成为新环境下探索经济社会可持续发展的重要内容。留抵退税政策可以降低企业的制度性交易成本，激励企业专注主营业务，最终对企业的财务绩效产生正向影响。根据信号传递理论，留抵退税政策被认为是一种积极的信息传递媒介，能够向市场传达出企业可以额外获益且总体发展趋势良好的信号（何杨等，2019）。首先，当企业实行留抵退税政策时，投资者会从市场上接收到该企业可以获得额外回报的信号，从而愿意增加投资，进而提高企业的价值创造能力和财务绩效（徐建中等，2018）。其次，留抵退税政策可以激励企业集中精力于主营业务。因为留抵退税政策明确规定了企业的退税业务范围，只有规定范围内的业务才享有税收优惠，这将会影响企业的业务规划决策，鼓励企业集中精力于主营业务，降低了企业由于非主营业务造成的投资风险，进而提高企业的财务绩效。财务绩效良好的企业，资源的可及性和丰富性往往较强，企业更愿意也更有能力进行环境、社会和治理实践。相反，财务状况较差和盈利能力不稳定的企业倾向于优先考虑那些短期能够取得回报的投资项目（Schaltegger & Synnestvedt，2002）。财务绩效相对优异的企业，在管理层和股东的经济利益得到了相对满足后，愿意承担更多社会责任。具备优质财务绩效的企业更倾向于采用多元化的投资战略，更加注重企业的整体可持续发展。企业较高的 ESG 表现可以增强投资者的信任，形成一个较为稳定的企业声誉（陈艳利和毛斯丽，2021）。根据代理理论，良好的财务绩效可以优化企业的内部治理环境，保证董事会、审计和风险委员会的独立性以及内部控制的有效性。良好的财务绩效不仅保护了中小股东的权利，也最大限度地减少了股东与经理人之间的利益冲突，从而提高了财务报告的质量，推动企业的 ESG 发展。

基于上述分析，我们提出假设：

H2：增值税留抵退税可以通过提高企业的创新能力和财务绩效，对企业的 ESG 表现产生促进作用。

3. 研究设计

3.1　样本选择与数据来源

本文选取 2014—2020 年中国沪深 A 股上市公司为研究对象。公司的财务数据来源于 CSMAR 数据库，ESG 数据来源于 Wind 数据库。为了使样本数据更具代表性，本文对初始研究样本做以下处理：（1）剔除金融行业的样本；（2）剔除样本期间被 ST、*ST 与 PT 处理的公司；（3）剔除资产负债率不在 0~1 范围内以及其他财务指标明显异常的数据样本；（4）剔除变量缺失的样本。除此以外，本文对连续变量做 1% 的缩尾处理。

3.2　变量定义

（1）企业 ESG 表现。随着责任投资理念的发展与推广，目前国内外已有大量的 ESG 评级体系，但评价标准、影响因素选择和因素权重设置、覆盖面等都不尽相同。本研究选择华证 ESG 评级来衡量企业的 ESG 表现。具体原因如下：与华证 ESG 评级相比，其它 ESG 评级体系存在着覆盖范围窄、更新频率低等问题。例如，社会价值投资联盟评级与商道融绿评级只涵盖了部分成分股，且更新频率仅为半年度和年度；嘉实 ESG 评级虽然更新比华证 ESG 频繁，但是目前还没有在 Wind 和 CSMAR 等数据库中发布。华证 ESG 评级参考国际主流方法和实践经验，借鉴国际 ESG 核心要义，结合中国国情与资本市场特点，构建了华证 ESG 评级体系，向市场提供中国 A 股及发债主体等证券发行人的环境、社会和公司治理三个维度的评级结果。目前，华证 ESG 评级数据已得到商界和学术界广泛认可与应用（Lin et al.，2021）。本文参考同类文献的做法，将 ESG 评级从低到高进行赋值，最终将企业 ESG 评级量化为取值 1~9 的连续变量。

（2）留抵退税。参考吴怡俐等（2021）的研究，以财政部和税务总局发布的《关于 2018 年退还部分行业增值税留抵税额有关税收政策的通知》（财税〔2018〕70 号）作为外生冲击，构造解释变量。若上市企业属于财税〔2018〕70 号文件中的留抵退税试点企业，则政策处理变量 Treat 取值为 1，否则为 0。查阅国家税务总局官网得知，国家税务总局在 2018 年 6 月 28 日发布了财税〔2018〕70 号文件，但留抵退税改革的大规模实施在 2019 年以后，因此本文统一将 2019 年视为政策当期，即时间处于 2019 年及以后，时间处理变量 Post 取 1，否则取 0。

（3）控制变量。参考 Mu 等（2023）的研究，本文在计量模型中加入以下可能影响企业 ESG 表现的控制变量，缓解由于遗漏变量导致的模型内生性问题，同时提高模型的估计效率。①企业规模（Size）：以企业年末总资产的自然对数来衡量；②资产负债率（Lev）：企业当期年末的总资产与总负债的比例；③资产收益率（ROA）：净利润除以年末总资产；④企业成长（Growth）：企业当期营业收入同比增长率；⑤机构持股比例（INST）：机构投资者所持股份占总股份的比例；⑥独立董事占比（Indep）：独立董事人数占董事会总人数的比例；⑦两职合一（Dual）：当 CEO 兼任董事长时取值为 1，否则为 0；⑧董事会规模（Board）：董事会总人数的自然对数；⑨第一大股东持股比例（Top1）：企业年末第一大股东持股比例；⑩股权制衡度（Balance）：企业第二至第十大股东的持股比例之和与第一大股东持股比例之比。相关变量的定义见表 1。

表 1　　　　　　　　　　　　　　　　变　量　定　义

变量类别	变量名称	变量符号	度　量　方　式
被解释变量	企业 ESG 表现	ESG	采用华证 ESG 评级指数，取值为 1~9，得分越高，企业的 ESG 表现越好
解释变量	留抵退税	Treat×Post	政策处理变量（Treat）和时间处理变量（Post）的交叉项，用来检验增值税留抵退税对处理组样本的政策净效应
中介变量	创新能力	Inov	企业当年专利申请数量加 1 取自然对数
	财务绩效	ROE	净资产收益率
控制变量	企业规模	Size	年末总资产的自然对数
	资产负债率	Lev	总负债/总资产
	资产收益率	ROA	净利润/总资产
	两职合一	Dual	若董事长与高管兼任一职，取值 1；否则，取值 0
	机构持股比例	INST	机构投资者所持股份占总股份的比例
	独立董事占比	Indep	独立董事人数占董事会总人数的比例
	企业成长	Growth	企业当期营业收入同比增长率
	董事会规模	Board	董事会总人数的自然对数
	第一大股东持股比例	Top1	第一大股东持股占总股本比例
	股权制衡度	Balance	第二至第十大股东的持股比例之和/第一大股东持股比例

3.3　模型设定

3.3.1　基准回归模型

为检验留抵退税政策对企业 ESG 表现的影响，本文利用 A 股上市企业 2014—2020 年的面板数据进行实证检验，以增值税期末留抵退税政策为准自然实验，构建以下计量模型进行实证研究：

$$\mathrm{ESG}_{i,\,t} = \alpha_0 + \alpha_1 \mathrm{Treat}_i \times \mathrm{Post}_t + \sum \psi_n \mathrm{Controls} + \lambda_i + \eta_t + \varepsilon_{i,\,t} \qquad (1)$$

其中，$\mathrm{ESG}_{i,t}$ 为被解释变量，表示企业 i 在 t 年的 ESG 表现。Treat_i 变量用来反映企业是否属于政策冲击的试点企业，若企业属于财税〔2018〕70 号文件中的试点企业，Treat_i 变量取 1，否则取 0。Post_t 表示政策实施前后的变量，若时间在政策实施及以后年份，Post_t 取值为 1，否则为 0。$\mathrm{Treat}_i \times \mathrm{Post}_t$ 为本文的核心解释变量，其系数反映了增值税留抵退税政策对企业 ESG 水平的影响，当该系数大于 0 时，表明政策的实施会提高试点企业的 ESG 水平；若系数小于 0，则表明政策的实施会抑制企业的 ESG 水平。Controls 是控制变量，λ_i 为企业层面的固定效应，η_t 为时间固定效应，$\varepsilon_{i,t}$ 是误差项。需要注意的是，本文的双重差分模型已经控制了企业层面的个体固定效应（λ_i）与时间固定效应（η_t），因此模型（1）中不再引入 Treat_i 与 Post_t，否则 Treat_i 变量会被 λ_i 变量吸收，Post_t 变量会被 η_t 变量吸收。

3.3.2 机制检验模型

为验证假设 H2，本文在基准回归模型基础上，构建中介效应模型来检验留抵退税改革的传导机制。如前文理论分析所述，留抵退税改革通过提高企业的创新能力和财务绩效两种机制渠道作用于企业的 ESG 表现。计量模型设定如下：

$$M_{i,\,t} = \beta_0 + \beta_1 \mathrm{Treat}_i \times \mathrm{Post}_t + \sum \psi_n \mathrm{Controls} + \lambda_i + \eta_t + \varepsilon_{i,\,t} \qquad (2)$$

$$\mathrm{ESG}_{i,\,t} = \gamma_0 + \gamma_1 \mathrm{Treat}_i \times \mathrm{Post}_t + \gamma_2 M_{i,\,t} + \sum \psi_n \mathrm{Controls} + \lambda_i + \eta_t + \varepsilon_{i,\,t} \qquad (3)$$

模型（2）为留抵退税改革对机制变量的回归方程，其中 M 代表机制变量，如果估计参数显著大于 0，则表明留抵退税改革与机制变量正相关。模型（3）是全变量回归模型，估计参数 γ_1 代表了留抵退税改革对企业 ESG 表现的直接效应，而 $\beta_1 \times \gamma_2$ 则代表了留抵退税改革通过机制变量对企业 ESG 表现影响的间接效应，如果参数值仍都显著为正，且模型（3）中留抵退税改革的估计参数值小于其在基准回归模型（1）中的数值，则间接效应成立。

3.4 描述性统计

表 2 为本文的描述性统计，被解释变量 ESG 的均值为 6.4604，标准差为 1.1483，最小值为 1，最大值为 9，说明不同企业之间的 ESG 表现存在一定差异，但整体集中在中上等水平。解释变量中试点企业虚拟变量 Treat 的均值为 0.5697，与已有文献基本一致，表明样本中有 56.97% 的企业属于增值税留抵退税改革的试点企业，证明了本次增值税留抵退税改革具有影响范围大和涉及行业多的特点。在财务特征方面，企业的资产负债率、资产收益率和成长水平的均值分别为 0.4118、0.0442 和 0.1797，在比较现有相关文献后，具有高度的一致性。在公司治理方面，两职合一、独立董事占比和第一大股东平均持股比例分别为 31.21%、37.75% 和 33.97%，这说明样本企业中可能存在较为严重的内部控制问题，由此导致的"委托—代理"难题和管理层短视行为会使得企业倾向于将资金投入能为企业实现快速扩张、为投资者短期带来高净值回报的项目，从而降低企业在 ESG 实践方面

的投入。

表2 描述性统计

变量定义	变量名称	观测值	均值	标准差	最小值	最大值
企业 ESG 表现	ESG	22749	6.4604	1.1483	1.0000	9.0000
政策处理变量	Treat	22749	0.5697	0.4951	0.0000	1.0000
时间处理变量	Post	22749	0.4076	0.4914	0.0000	1.0000
企业规模	Size	22749	22.1777	1.3277	19.3913	26.1363
资产负债率	Lev	22749	0.4118	0.1972	0.0530	0.8764
资产收益率	ROA	22749	0.0442	0.0687	-0.2308	0.2341
企业成长	Growth	22749	0.1797	0.3913	-0.5395	2.4023
董事会规模	Board	22749	8.4091	1.6645	0.0000	18.0000
独立董事占比	Indep	22749	0.3775	0.0561	0.1429	1.0000
两职合一	Dual	22749	0.3121	0.4634	0.0000	1.0000
第一大股东持股比例	Top1	22749	33.9700	14.7268	8.8000	75.0100
股权制衡度	Balance	22749	0.7858	0.6201	0.0279	2.8322
机构持股比例	INST	22749	42.4693	24.8703	0.3204	91.9133

4. 实证结果

4.1　基准回归结果

本文主要关注的是留抵退税政策出台前后，试点企业与非试点企业的 ESG 差异性，即模型中交互项 $Treat_i \times Post_t$ 的系数。表3 报告了增值税留抵退税改革对企业 ESG 表现的基准回归结果。列（1）是只包括解释变量和被解释变量的回归结果，核心解释变量 $Treat_i \times Post_t$ 的系数为 0.0433，在 1% 水平下显著为正。列（2）在列（1）的基础上加入了企业层面的控制变量，交乘项 $Treat_i \times Post_t$ 的估计系数为 0.0621，依然在 1% 的水平显著。列（3）在列（2）的基础上控制了企业和时间固定效应，回归系数为 0.1785，在 1% 水平下显著。表3 的实证结果表明，增值税留抵退税政策的实施显著促进了试点企业的 ESG 表现。在经济意义上，以列（3）为例，考虑到企业 ESG 表现的均值为 6.4604，增值税留抵退税实施后，试点企业的 ESG 表现平均会增加约 1.1532 项（即 6.4604×0.1785＝1.1532）。

表3 基准回归结果

	(1) ESG	(2) ESG	(3) ESG
Treat×Post	0.0433***	0.0621***	0.1785***
	(0.0125)	(0.0131)	(0.0191)

续表

	（1） ESG	（2） ESG	（3） ESG
Size		0. 2585 ***	0. 1978 ***
		（0. 0087）	（0. 0155）
Lev		−0. 4064 ***	−0. 3947 ***
		（0. 0478）	（0. 0594）
ROA		1. 2565 ***	0. 9363 ***
		（0. 1002）	（0. 1074）
Growth		−0. 0643 ***	−0. 0419 ***
		（0. 0122）	（0. 0127）
Board		0. 0248 ***	−0. 0057
		（0. 0058）	（0. 0072）
Indep		0. 4385 ***	0. 0512
		（0. 1488）	（0. 1712）
Dual		−0. 0474 ***	−0. 0222
		（0. 0150）	（0. 0173）
Balance		−0. 0690 ***	−0. 0421
		（0. 0190）	（0. 0260）
Top1		0. 0014	0. 0012
		（0. 0010）	（0. 0014）
INST		0. 0027 ***	0. 0020 ***
		（0. 0005）	（0. 0008）
Constant	6. 4583 ***	0. 4054 **	2. 2825 ***
	（0. 0132）	（0. 1950）	（0. 3403）
企业固定效应	NO	NO	YES
时间固定效应	NO	NO	YES
观测值	24689	22749	22749
调整 R^2	0. 0015	0. 0215	0. 0375

注：括号中为稳健标准误，* 、** 、*** 分别代表 10%、5%、1%的显著水平，下同。

4. 2　稳健性检验

4. 2. 1　平行趋势检验

采用双重差分方法最重要的前提假设为平行趋势假设，即假设未受到政策冲击的控制组与受到政策冲击的实验组在政策冲击前具有相同的变化趋势。如果非试点企业与试点企业在进行留抵退税改革前不具备相同的趋势，前文的实证结果就会出现估计偏误。在企业留抵退税政策颁布实施后，试点企业与非试点企业的这种 ESG 变化趋势很可能是由于某种不可观测因素的趋势效应，而不是政策的福利效应，即前文的政策冲击效应（Treat$_i$×Post$_t$）与试点企业 ESG 表现之间的因果关系可能并不是留抵退税制度本身对企业 ESG 产生的冲击。为此，为了得到更加稳健的估计结果，参考 Jacobson 等（1993）进行平行趋势检验，如果非试点企业与试点企业在实施留抵退税前不存在明显差异，则可以认为前文的估计结果具有可靠性。图 1 展示了估计结果。实施留抵退税之前，交互项回归系数的置信区间均穿过 0，即回归系数均未通过显著性检验。表明试点企业与非试点企业在受到留抵退税政策冲击前并不存在显著的差异性。此外，政策实施当期（Current）与政策实施后一期（After1）交互项的回归系数均大于 0，且通过显著性检验。表明企业 ESG 表现的提升确实是留抵退税改革的实施当期以及后期才出现的，进一步论证了留抵退税改革对企业 ESG 表现的激励效应。

4.2.2　安慰剂检验

为进一步缓解遗漏变量造成的内生性问题，本文参考吕越等（2019）的做法，通过在样本中随机抽取处理组对本文的实证结果进行安慰剂检验。具体而言，首先从每个组别中随机选取样本，将其设定为"伪"实验组，并将剩余个体设定为控制组，进而建立安慰剂检验的虚拟变量 Treat^{false}，形成安慰剂检验交叉项 Treat^{false}×Post$_t$。因为"伪"处理组是随机生成的，所以安慰剂检验交叉项应该不会对模型的因变量产生较为显著的影响，即 $\alpha^{\text{false}}=0$。也就是说，假如不存在显著的遗漏变量偏差，安慰剂处理变量的回归系数不会远离 0。反之，假如 α^{false} 的估计系数在统计上显著偏离于 0 则表明模型设定存在偏差。将上述过程重复 500 次，得到 500 个回归系数及其对应的 p 值。绘制这 500 个系数估计值的核密度分布以及 p 值能够发现，回归系数落在 0 值附近且符合正态分布，大部分的回归结果不显著，见图 2。据此，可以排除本文的基准估计结果是由不可观测因素导致的。

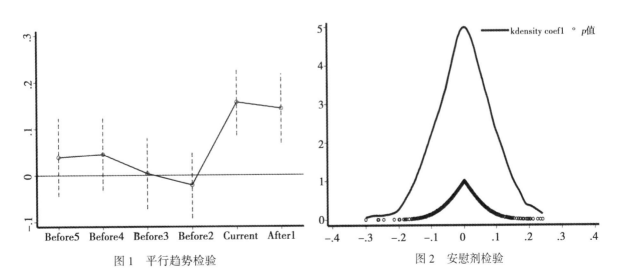

图 1　平行趋势检验　　　　　　　　　图 2　安慰剂检验

4.2.3 PSM-DID 检验

鉴于 2018 年增值税留抵退税改革仅涉及了 18 个行业，并且试点的大多数是国家重点关注的先进制造业、服务业等特殊行业，因此，本文采用倾向性得分匹配—双重差分法（Propensity Score Matching-Difference in Difference，PSM-DID）筛选更合适的对照组，来消除留抵退税改革试点政策的非随机性，提高研究结论的稳健性和可信性，本文选择基准回归的控制变量作为协变量，分别采取最近邻匹配、半径匹配和核匹配的方法为处理组企业寻找对照组企业。在平衡性检验通过之后，对匹配后的样本进行回归检验，检验结果如表 4 所示，匹配后的回归估计检验结果依旧表明增值税留抵退税对企业的 ESG 表现存在显著促进作用，即本文核心结论稳健可信。

表 4 　　　　　　　　　　　　　　**基于 PSM-DID 模型的检验结果**

	最近邻匹配	半径匹配	核匹配
	ESG	ESG	ESG
Treat×Post	0.2207 ***	0.1784 ***	0.1785 ***
	(0.0204)	(0.0191)	(0.0191)
常数项	2.3218 ***	2.2666 ***	2.2825 ***
	(0.3616)	(0.3404)	(0.3403)
控制变量	YES	YES	YES
企业固定效应	YES	YES	YES
时间固定效应	YES	YES	YES
观测值	20393	22735	22749
调整 R^2	0.0396	0.0377	0.0375

4.2.4 其他稳健性检验

本文还做了其他稳健性检验，例如更换企业 ESG 表现的度量方式。参考谢红军和吕雪（2022）的研究，本文对企业的 ESG 表现做以下处理：（1）将 ESG 等级 A 及以上的企业赋值 1，其余等级赋值 0；（2）将等级 C-CCC、B-BBB 和 A-AAA 分别赋值 1、2、3；（3）使用彭博 ESG 评级替换华证 ESG 评级。除此之外，本文还控制了各省宏观经济因素对企业 ESG 实践的影响。企业的 ESG 表现不仅会受到企业自身因素的影响，还与其所在的区域有很大的联系。经济发达、人口较多的区域，往往具有丰富的自然资源和高质量人才，因此，在 ESG 实践的过程中，企业可以运用更多的人力、物力和财力。鉴于此，本文将各省的人均 GDP 和人口数量作为控制变量纳入模型（1），以控制地区层面因素对企业 ESG 实践的影响。表 5 的实证结果表明，在考虑被解释变量的测量误差和控制地区的 GDP 与人口因素后，基准回归结果仍然具有较强的稳健性。

表5   其他稳健性检验

	(1)	(2)	(3)	(4)
	ESG1	ESG2	彭博 ESG	ESG
Treat×Post	0.0355 ***	0.0850 ***	0.3706 **	0.1776 ***
	(0.0098)	(0.0077)	(0.1687)	(0.0193)
Constant	−0.1185	1.1993 ***	−8.7289 ***	3.0443 ***
	(0.1733)	(0.1352)	(3.2310)	(0.5304)
控制变量	YES	YES	YES	YES
企业固定效应	YES	YES	YES	YES
时间固定效应	YES	YES	YES	YES
地区经济、人口	NO	NO	NO	YES
观测值	23524	23524	7069	22749
调整 R^2	0.0184	0.0281	0.2228	0.0509

5. 机制分析

前文的研究中，本文通过基准和一系列稳健性检验后，得到了稳健可信的核心结论，即增值税留抵退税改革显著促进企业的 ESG 表现。但这只是针对二者的因果关系进行了实证检验，并没有打开二者之间存在的机制黑箱。因此在本小节，本文对留抵退税和企业 ESG 表现之间因果关系的作用渠道进行实证检验。

表6的列（1）和列（2）用于检验"增值税期末留抵退税—企业创新—ESG 表现"这一路径。从列（1）可知，政策效应（$Treat_i×Post_t$）的回归系数为 0.0332，在 5% 的水平上显著，表明增值税留抵退税改革促进了试点企业的创新水平。列（2）则考虑政策效应（$Treat_i×Post_t$）和企业创新（Inov）联合对企业 ESG 表现的影响，其中 $Treat_i×Post_t$ 和 Inov 的回归系数均显著大于 0，并且 $Treat_i×Post_t$ 在数值上较表3列（3）明显降低，表明在控制企业创新水平后，留抵退税改革对企业 ESG 表现的边际效应有所下降，说明创新机制的确存在。表6的列（3）和列（4）用于检验"增值税期末留抵退税—财务绩效—ESG 表现"这一路径。根据列（3）可知，政策效应（$Treat_i×Post_t$）的回归系数为 0.0058，且在 1% 的水平上显著，表明增值税留抵退税改革促进了试点企业的财务绩效。列（4）则考察政策效应（$Treat_i×Post_t$）和财务绩效（ROE）联合对企业 ESG 表现的影响，其中 $Treat_i×Post_t$ 和 ROE 的回归系数均显著大于 0，并且 $Treat_i×Post_t$ 在数值上较表3列（3）明显降低，表明在控制企业财务绩效后，留抵退税改革对企业 ESG 表现的边际效应有所下降，说明财务绩效机制的确存在。

表 6   机 制 分 析

	（1） Inov	（2） ESG	（3） ROE	（4） ESG
Inov		0.0439 ***		
		（0.0097）		
Treat×Post	0.0332 **	0.1542 ***	0.0058 ***	0.1537 ***
	（0.0143）	（0.0189）	（0.0019）	（0.0188）
ROE				0.6431 ***
				（0.0705）
Constant	−0.8424 ***	2.2734 ***	−0.3514 ***	2.4355 ***
	（0.2545）	（0.3368）	（0.0349）	（0.3424）
控制变量	YES	YES	YES	YES
企业固定效应	YES	YES	YES	YES
时间固定效应	YES	YES	YES	YES
观测值	22939	22494	23276	22501
调整 R^2	0.0329	0.0383	0.7152	0.0427

6. 进一步分析

前文主要讨论了留抵退税政策的平均处理效应，那么影响企业经营决策以及政策执行的其他内外部因素也很可能影响留抵退税改革与企业 ESG 表现之间的关系。因此，本文接下来从企业生命周期和产权性质分别探讨改革效应的异质性。

6.1　基于企业生命周期的进一步分析

Adizes（1989）认为，企业与生物体的生命周期特性相似。从生命周期视角来看，企业的投资策略、公司治理和财务绩效在不同生命周期阶段具有显著的差异性。而企业的 ESG 投资需要对当前资源禀赋和外部环境做总和评估后审慎决策。同时，结合当前企业留抵退税政策的主要特征分析，本文认为留抵退税政策对处于不同生命周期阶段的企业 ESG 表现的影响存在差异性。本文选择现金流模式法衡量企业生命周期，按照经营、筹资、投资净现金流量，将样本中的上市公司划分为成长期企业、成熟期企业和衰退期企业，进行分组回归。回归结果如表 7 所示，留抵退税改革对于成熟期企业的 ESG 表现具有更强的促进作用。成长期企业以求发展为第一要务，在短期内进行 ESG 投资将会导致运营成本的上升和经营效率的下降。衰退期企业的战略重点在于获取资金和寻找新的利润增长点，实现企业的转型与革新，进而推动企业进入新的生命周期循环。衰退期企业如果将留抵退税改革带来的内部现金流量和外部融资用于企业的 ESG 投资，依靠愈加缩紧的资金规模维持现有的投资项目，企业很有可能面临退市与并购的风险。而成熟期企业更倾向于采用多元化的投资战略，更加注重企业的整体可持续发展。成熟期企业对 ESG 投资的反应也更为敏锐，这会促使企业去承担更多的社会责任，从而留抵退税改革对成熟期企业的 ESG 表现有更好的促进作用。

从表 7 的异质性回归结果来看，增值税留抵退税对成长期、成熟期和衰退期企业 ESG 表现的激励效果存在差异性，但这种差异在统计上是否显著还需要进行进一步检验。本文采用费舍尔组合检验方法进行组间系数差异的检验，检验结果如表 8 所示。由表 8 可知，成长期、成熟期和衰退期企业的组间差异系数检验经验 p 值均小于 0.05，表明核心解释变量的组间系数存在统计上的显著差异，增值税留抵退税改革的实施对企业 ESG 表现的影响在成长期企业、成熟期企业和衰退期企业确实存在显著的异质性。

表 7　　　　　　　　　　　基于企业生命周期的进一步分析

	成长期	成熟期	衰退期
	ESG	ESG	ESG
Treat×Post	0.0839	0.1732***	0.1277***
	(0.0885)	(0.0275)	(0.0415)
Constant	2.8616**	1.0706*	3.3024***
	(1.3712)	(0.5551)	(0.7410)
控制变量	YES	YES	YES
企业固定效应	YES	YES	YES
时间固定效应	YES	YES	YES
观测值	2908	10931	7553
调整 R^2	0.0501	0.0393	0.0302

表 8　　　　　　　　　　　组间差异的经验 p 值

样　本　组	经验 p 值
成长期 vs. 成熟期	0.005
成长期 vs. 衰退期	0.015
成熟期 vs. 衰退期	0.000

6.2　企业所有权性质的异质性分析

国有企业具有独特的地位和所有制优势，可以享受比民营企业更多的政策和资金支持。同时，国有企业会更加注重企业的可持续发展。理论上留抵退税改革对国有企业 ESG 表现的影响更大。为了考察留抵退税改革对企业 ESG 表现在国有企业与民营企业之间的异质性效应，本文将试点企业划分为国有企业与民营企业做分组检验，组间差异系数检验结果显示，经验 p 值为 0.040。回归结果表明，留抵退税政策对国有企业的 ESG 表现激励效应更加明显。这一结果符合当前的中国国情：当前，积极贯彻 ESG 发展理念已成为时代命题，企业需要将环境、社会和治理因素纳入经营决策。国有企业相比民营企业具有更多的政策支持与资金支持。同时，国有企业独特的地位使得企业更加注重可持续发展，可持续发展意愿加上资金与政策的支持使得国有企业更愿意将留抵退税改革带来的福利用于投资企业可持续发展。相比之下，民营企业往往缺乏可持续发展的经营理念，企业融资约束紧，试点企业更加倾向于将留抵退税改革增加的现金流投资于经济效益最大的项目，因此留抵退税改革对国有企业的 ESG 表现促进作用更大。

表 9　　　　　　　　　　　　　基于企业产权性质的进一步分析

	国有企业	民营企业
Treat×Post	0.1976 ***	0.1776 ***
	(0.0333)	(0.0193)
Constant	-8.7289 ***	3.0443 ***
	(3.2310)	(0.5304)
控制变量	YES	YES
企业固定效应	YES	YES
时间固定效应	YES	YES
观测值	7069	22749
调整 R^2	0.2228	0.0509
经验 p 值	0.040	

7. 结论和政策建议

当前，如何有效提高企业的 ESG 水平，实现从"经济效益最大化"向"兼顾经济效益与社会效益"的转变是中国企业面临的重要问题。基于此，本文使用 2014—2020 年沪深 A 股上市公司数据，实证检验了增值税期末留抵退税政策对企业 ESG 表现的影响。研究结果表明：留抵退税政策显著促进了试点企业的 ESG 表现，实证结果经过平行趋势检验、安慰剂检验以及其他一系列稳健性检验后依旧稳健。机制分析发现，留抵退税改革不仅改善了企业的财务绩效，而且还提高了企业的创新能力，这些都会显著促进企业 ESG 表现的提高。进一步分析表明，增值税留抵退税政策对企业 ESG 表现的激励效应在成熟期企业和国有企业中更加明显。本文的研究结论也在现实层面为进一步推进减税降费、激发企业发展活力提供了以下启示：

第一，坚定不移落实企业增值税期末留抵退税政策。首先，企业留抵税额实际是政府对企业的免息贴现，仅结转而不退还的方式会使未来财政收支失衡更加严重。其次，我国经济已经从高速发展向高质量发展转变，经济高质量发展进程中不仅要充分利用市场资源，更要充分发挥市场的决定性作用，而留抵税额不仅会造成企业的资金内耗，还会制约市场对资源的合理配置，进而影响社会的长期发展。具体到企业微观层面政策改革上，当前我国应该进一步增加留抵退税政策覆盖的企业，深化落实留抵退税政策。

第二，增强增值税留抵退税政策的指向性，持续加大对企业科技创新的支持力度。激励企业研发创新投入，助力企业的 ESG 发展。实现企业从经济效益向兼顾经济效益和社会效益转型，关键在于提高企业的科技创新能力。本文研究结果表明增值税留抵退税通过促进企业创新能力进而提高企业的 ESG 表现，建议在制定和实施相关政策时，以定向结构性减税降费驱动企业创新投资，使政策为企业降低实际税负所节省的资源能够用在"刀刃"上，精准提升企业技术创新能力，进而降低企业负担和促进企业的 ESG 发展。

第三，不同生命周期阶段试点企业的投资策略差异与企业所在行业特点均会影响留抵退税政策的实施效果。未来，政府可考虑根据不同生命周期阶段以及行业特点，制定差异化的留抵退税政策。例如，对于成长期与衰退期试点企业，在"质"上可以降低试点企业用于可持续发展投资的增值税税率。同时，也可在"量"上增加留抵退税的试点企业，充分发挥减税降费对企业可持续发展的促进作用。

◎ 参考文献

[1] 陈艳利，毛斯丽．绿色信贷政策、企业生命周期与企业环保投资：基于重污染行业上市公司的经验证据 [J]．产业组织评论，2020，14（4）．

[2] 蔡伟贤，沈小源，李炳财，等．增值税留抵退税政策的创新激励效应 [J]．财政研究，2022（5）．

[3] 耿纯，刘怡．增值税收入归属、退税负担机制与消费地原则 [J]．北京大学学报（哲学社会科学版），2022，59（5）．

[4] 高杰英，褚冬晓，廉永辉，等．ESG 表现能改善企业投资效率吗？[J]．证券市场导报，2021（11）．

[5] 黄贤环，杨钰洁．增值税期末留抵退税能够抑制实体企业金融化吗？[J]．上海财经大学学报，2022，24（3）．

[6] 胡洁，韩一鸣，钟咏．企业数字化转型如何影响企业 ESG 表现——来自中国上市公司的证据 [J/OL]．产业经济评论，https：//doi.org/10.19313/j.cnki.cn10-1223/f.20221104.001．

[7] 何杨，邓栖元，朱云轩．增值税留抵退税政策对企业价值的影响研究——基于我国上市公司的实证分析 [J]．财政研究，2019（5）．

[8] 蒋艺翅，姚树洁．信息披露质量对企业创新的激励与治理效应研究 [J]．当代经济科学，2022，44（2）．

［9］ 柳学信，李胡扬，孔晓旭．党组织治理对企业 ESG 表现的影响研究［J］．财经论丛，2022（1）.

［10］ 李憼劼．"减税降费"推动我国制造业企业高质量发展［J］．财务与会计，2019（8）.

［11］ 李井林，阳镇，陈劲，等．ESG 促进企业绩效的机制研究——基于企业创新的视角［J］．科学学与科学技术管理，2021，42（9）.

［12］ 刘金科，邓明欢，肖翊阳．增值税留抵退税与企业投资——兼谈完善现代增值税制度［J］．税务研究，2020（9）.

［13］ 宁金辉，王敏．绿色债券能缓解企业"短融长投"吗？——来自债券市场的经验证据［J］．证券市场导报，2021（9）.

［14］ 吕越，陆毅，吴嵩博，等．"一带一路"倡议的对外投资促进效应——基于 2005—2016 年中国企业绿地投资的双重差分检验［J］．经济研究，2019，54（9）.

［15］ 潘楚林，田虹．前瞻型环境战略对企业绿色创新绩效的影响研究——绿色智力资本与吸收能力的链式中介作用［J］．财经论丛，2016（7）.

［16］ 秦海林，刘岩．留抵退税能否助力制造业升级——基于增值税留抵退税政策的准自然实验［J］．税收经济研究，2022，27（5）.

［17］ 孙海波，刘忠璐．环境规制、清洁技术创新与中国工业绿色转型［J］．科研管理，2021，42（11）.

［18］ 王琳璐，廉永辉，董捷．ESG 表现对企业价值的影响机制研究［J］．证券市场导报，2022（5）.

［19］ 王海军，王淞正，张琛，等．数字化转型提高了企业 ESG 责任表现吗？——基于 MSCI 指数的经验研究［J/OL］．外国经济与管理，https：//doi.org/10.16538/j.cnki.fem.20221128.202.

［20］ 吴怡俐，吕长江，倪晨凯．增值税的税收中性、企业投资和企业价值——基于"留抵退税"改革的研究［J］．管理世界，2021，37（8）.

［21］ 谢红军，吕雪．负责任的国际投资：ESG 与中国 OFDI［J］．经济研究，2022，57（3）.

［22］ 徐建中，贾君，林艳．基于 Meta 分析的企业环境绩效与财务绩效关系研究［J］．管理学报，2018，15（2）.

［23］ 席龙胜，王岩．企业 ESG 信息披露与股价崩盘风险［J］．经济问题，2022（8）.

［24］ 袁业虎，熊笑涵．上市公司 ESG 表现与企业绩效关系研究——基于媒体关注的调节作用［J］．江西社会科学，2021，41（10）.

［25］ 杨水利，陈娜，李雷．数字化转型与企业创新效率——来自中国制造业上市公司的经验证据［J］．运筹与管理，2022，31（5）.

［26］ 俞杰，万陈梦．增值税留抵退税、融资约束与企业全要素生产率［J］．财政科学，2022（1）.

［27］ 张慧，黄群慧．制度压力、主导型 CEO 与上市公司 ESG 责任履行［J］．山西财经大学学报，2022，44（9）.

［28］ Aureli，S.，Gigli，S.，Medei，R.，et al. The value relevance of environmental, social, and governance disclosure: Evidence from Dow Jones sustainability world index listed companies［J］. Corporate Social Responsibility and Environmental Management, 2020, 27（1）.

［29］ Bénabou，R.，Tirole, J. Individual and corporate social responsibility［J］. Economica, 2010, 77

（305）.

［30］Broadstock, D. C. , Chan, K. , Cheng, L. T. , et al. The role of ESG performance during times of financial crisis: Evidence from COVID-19 in China ［J］. Finance Research Letters, 2021, 38.

［31］Cordazzo, M. , Bini, L. , Marzo, G. Does the EU directive on non-financial information influence the value relevance of ESG disclosure? Italian evidence ［J］. Business Strategy and the Environment, 2020, 29（8）.

［32］Cardoni, A. , Kiseleva, E. , Lombardi, R. A sustainable governance model to prevent corporate corruption: Integrating anti-corruption practices, corporate strategy and business processes ［J］. Business Strategy and the Environment, 2020, 29（3）.

［33］Cunha, F. A. F. D. S. , de Oliveira, E. M. , Orsato, R. J. , et al. Can sustainable investments outperform traditional benchmarks? Evidence from global stock markets ［J］. Business Strategy and the Environment, 2020, 29（2）.

［34］Chams, N. , García-Blandón, J. , Hassan, K. Role reversal! Financial performance as an antecedent of ESG: The moderating effect of total quality management ［J］. Sustainability, 2021, 13（13）.

［35］Friedman, M. , The social responsibility of business is to increase its profits ［J］. New York Times, 1970, 13.

［36］Hsueh, L. Opening up the firm: What explains participation and effort in voluntary carbon disclosure by global businesses? An analysis of internal firm factors and dynamics ［J］. Business Strategy and the Environment, 2019, 28（7）.

［37］Jacobson, L. S. , LaLonde, R. J. , Sullivan, D. G. Earnings losses of displaced workers ［J］. The American Economic Review, 1993, 83（4）.

［38］Kraft, K. L. , Hage, J. Strategy, social responsibility and implementation ［J］. Journal of Business Ethics, 1990, 9（1）.

［39］Kuo, T. C. , Chen, H. M. , Meng, H. M. Do corporate social responsibility practices improve financial performance? A case study of airline companies ［J］. Journal of Cleaner Production, 2021, 310.

［40］Lin, Y. , Fu, X. , Fu, X. Varieties in state capitalism and corporate innovation: Evidence from an emerging economy ［J］. Journal of Corporate Finance, 2021, 67.

［41］Mu, W. , Liu, K. , Tao, Y. , et al. Digital finance and corporate ESG ［J］. Finance Research Letters, 2023, 51.

［42］Schaltegger, S. , Synnestvedt, T. The link between green and economic success: Environmental management as the crucial trigger between environmental and economic performance ［J］. Journal of Environmental Management, 2002, 65（4）.

［43］Widyawati, L. A systematic literature review of socially responsible investment and environmental social governance metrics ［J］. Business Strategy and the Environment, 2020, 29（2）.

Did the VAT Retention Rebate Improve Corporate ESG Performance?

Du Pengcheng[1]　Huang Shijun[2]　Hong Yu[3]

（1，2　School of Business, Anhui University, Hefei 230601；

3　School of Economics, Anhui University, Hefei 230601）

Abstract：In order to boost the confidence of enterprise development, stabilize the economy and help the sustainable development of the real economy, the Party Central Committee made a major decision to pilot enterprise tax retention refunds in response to the situation to strengthen the cross-cycle and counter-cycle adjustment, and whether this initiative can promote the ESG performance of enterprises is not only related to the realization of high-quality development of enterprises, but also related to the sustainability of the macroeconomic macroeconomic. This study takes the introduction of Cai Shui ［2018］ No. 70 as a quasi-natural experiment, selects the data of Shanghai and Shenzhen A-share listed companies from 2014 to 2020, and uses a double difference model to examine how the tax retention rebate policy affects the ESG performance of enterprises. The empirical results show that （1）the tax retention and refund policy significantly contributes to the ESG performance of pilot enterprises. The above results remain robust after parallel trend tests, placebo tests, and a series of other robustness tests. （2）The mechanism analysis finds that the tax retention and refund policy contributes to ESG development through improving financial performance and enhancing innovation capability. （3）Further analysis finds that the incentive effect of VAT tax retention and refund policy on corporate ESG performance is more pronounced in private and mature enterprises. This paper provides policy implications for improving the VAT tax credit refund system, deepening modern fiscal reform and achieving sustainable development.

Key words：Tax credit；ESG；Innovation capability；Financial performance；Difference-in-differences model

专业主编：潘红波

投 稿 指 南

　　《珞珈管理评论》是由武汉大学主管、武汉大学经济与管理学院主办的管理类集刊，创办于2007年，由武汉大学出版社出版。2017年始入选《中文社会科学引文索引（2017—2018年）来源集刊目录》（CSSCI），2021年《珞珈管理评论》再次入选《中文社会科学引文索引（2021—2022年）来源集刊目录》，2023年，《珞珈管理评论》入选中国人文社会科学期刊AMI（集刊）核心集刊。

　　自2022年第40辑起，《珞珈管理评论》每2个月出版1辑。

　　《珞珈管理评论》以服务中国管理理论与实践的创新为宗旨，以促进管理学学科繁荣发展为使命。本集刊主要发表管理学领域有关本土问题、本土情境的学术论文，介绍知识创造和新方法的运用，推广具有实践基础的研究成果。热忱欢迎国内外管理学研究者踊跃赐稿。敬请投稿者注意以下事项：

　　1.严格执行双向匿名评审制度；不收取版面费、审稿费等任何费用。

　　2.启用网上投稿、审稿系统，请作者进入本网站（http://jmr.whu.edu.cn）的"作者中心"在线投稿。根据相关提示操作，即可完成注册、投稿。上传稿内容包括：文章标题、中文摘要（300字左右）、关键词（3～5个）、中图分类号、正文、参考文献、英文标题、英文摘要。完成投稿后，还可以通过"作者中心"在线查询稿件处理状态。如有疑问，可与《珞珈管理评论》编辑部（027-68755911）联系。不接受纸质版投稿。

　　3.上传文稿为Word和PDF两种格式，请用正式的ＧＢ简体汉字横排书写，文字清晰，标点符号规范合理，句段语义完整，全文连贯通畅，可读性好；全文以10000字左右为宜（有价值的综述性论文，可放宽到15000字，包括图表在内），论文篇幅应与其贡献相匹配。图表、公式、符号、上下角标、外文字母印刷体应符合规范。若论文研究工作受省部级以上基金项目支持，请用脚注方式注明基金名称和项目编号。

　　4.正文文稿格式为：（中文）主题→作者姓名→工作单位→摘要→关键词（3～5个）→1引言（正文一级标题）→内容（1.1（正文二级标题）…，1.2…）……→结论→参考文献→（英文）主题→作者姓名→工作单位→摘要→关键词→附录；摘要不超过300字。

　　5.来稿录用后，按规定赠予当期印刷物两本（若作者较多，会酌情加寄）。

　　6.注释、引文和参考文献，各著录项的具体格式请参照网站投稿指南。

　　7.文责自负。作者须郑重承诺投稿论文为原始论文，文中全部或者部分内容从来没有以任何形式在其他任何刊物上发表过，不存在重复投稿问题，不存在任何剽窃与抄袭。一旦发现论文涉及以上问题，本编辑部有权采取必要措施，挽回不良影响。

　　8.作者应保证拥有论文的全部版权（包括重印、翻译、图像制作、微缩、电子制作和一切类似的重新制作）。作者向本集刊投稿行为即视作作者同意将该论文的版权，包括纸质出版、电子出版、多媒体出版、网络出版、翻译出版及其他形式的出版权利，自动转让给《珞珈管理评论》编辑部。